RANG KEJI WENWU
HUOQILAI

让科技文物
活起来

王洪鹏 白 欣 / 著

图书在版编目（CIP）数据

让科技文物活起来 / 王洪鹏，白欣著 .—北京：知识产权出版社，2020.3（2022.11重印）
ISBN 978-7-5130-7158-1

Ⅰ. ①让… Ⅱ. ①王… ②白… Ⅲ. ①科学技术—历史文物—中国—青少年读物
Ⅳ. ①K87-49

中国版本图书馆 CIP 数据核字（2020）第 171955 号

内容提要

本书从科普场馆中常见的中国科技文物出发，向读者逐一介绍这些"小物件""大发明"，展示它们的科学原理和有趣的故事，带领读者探索科技的奥秘，书中所选的科技文物，从简单到复杂，不少发明至今仍然在生产生活中有所应用，彰显了中华民族在科技领域的卓越成就，这些成就不仅是古代中国科技的精华，也是世界文明的重要组成部分。

责任编辑：徐家春　徐　凡　　　　　　责任印制：刘译文

让科技文物活起来

王洪鹏　白　欣　著

出版发行：	知识产权出版社有限责任公司	网　　址：	http://www.ipph.cn	
电　　话：	010-82004826		http://www.laichushu.com	
社　　址：	北京市海淀区气象路 50 号院	邮　　编：	100081	
责编电话：	010-82000860 转 8701	责编邮箱：	laichushu@cnipr.com	
发行电话：	010-82000860 转 8101/8102	发行传真：	010-82000893/82005070/82000270	
印　　刷：	天津嘉恒印务有限公司	经　　销：	新华书店、各大网上书店及相关专业书店	
开　　本：	720mm×1000mm　1/16	印　　张：	7.5	
版　　次：	2020 年 3 月第 1 版	印　　次：	2022 年 11 月第 3 次印刷	
字　　数：	120 千字	定　　价：	38.00 元	
ISBN 978-7-5130-7158-1				

出版权专有　侵权必究
如有印装质量问题，本社负责调换。

序言

科技馆具有知识性、历史性、人文性和社会性，是一个全面、综合的"宝库"。它以历史、人文为依托，使参观者了解科学发展的历史、人文背景，在历史情境中体验科学原理和技术发明的过程，从历史的角度去学习前辈的开创精神。这既有助于参观者理解科技与工业发展历程，也有益于增强其求知、探索和创造及参与科学技术进步的意识和能力。

在科技馆中，科普展品的作用不只在于提供知识、信息，启发人们思考，还在于提高全民族的科学素质。它是展示科学发生、发展、现状及其深刻内涵的普及手段之一。"科学"常被理解为高深莫测的知识，而科普则将它通俗化、大众化，甚至可达到众所周知的地步。因此，从一定意义上说，一个好的科普展品就是一堂深刻生动的科学课、一堂科学的历史课。人们通过参观这个展品，可以获得在课堂上不易获得或不能获得的知识。

该书的作者王洪鹏是中国科技馆副研究员，白欣是首都师范大学初等教育学院教授、博士生导师。两位作者具有比较丰富的科普场馆实践经历和理论修养，他们从科普场馆中常见的中国科技文物出发，向小读者逐一介绍这些"小物件""大发明"，展示它们的科学原理和有趣的故事，带领读者探索科技的奥秘。

"长信宫"铜灯
（图片来源：河北博物院藏，张惠摄）

西汉·铜釭灯

（收藏单位：扬州博物馆，摄影作者：王晓涛、庄志军）

书中所选的科技文物，小者如马镫、潜望镜、算盘，大者如记里鼓车、风扇车、福船，均有一定代表性，彰显了中华民族在科技领域的卓越成就，且不少发明至今仍然在生产生活中有所应用。这些成就不仅是古代中国科技的精华，也是世界文明的重要组成部分。

正如作者在一篇文章中所言："科学博物馆曾经引导不少诺贝尔奖得主和知名科学家走上了科学的道路。诺贝尔科学奖得主中有相当一部分是被童年时参观科学博物馆的经历激发出对科学的兴趣的。"希望家长多带孩子去逛逛博物馆、天文馆、科技馆，多感受一些科学文化的熏陶。希望小读者通过本书去了解有趣的中国科技文物，走进科技馆去实地感受科技的神奇与魅力，开启探索未知的旅程。

是为序。

戴念祖

2020年1月于北京

目录

王侯钟鼎将军剑　皆为矿工大斧开
　　——漫谈铜绿山古铜矿遗址　　1
刀光剑影下的"中国靴子"
　　——马　镫　　9
灯焰摇摇苦读夜　纺车嗡嗡十年窗
　　——纺　车　　18
高悬大镜　坐见四邻
　　——潜望镜　　23
杯里乾坤大　壶中日月长
　　——倒灌壶　　27
黄钟之声绕梁久　鱼跃龙门落玉盘
　　——喷水鱼洗　　31
活塞式机械的鼻祖
　　——风　箱　　34
见日之光　天下大明
　　——透光镜　　41
匠心独运　巧夺天工
　　——被中香炉　　45
没有文字的座右铭
　　——敧　器　　50

错银牛灯
（图片来源：南京博物院）

木人执槌向鼓　行一里打一槌

　　——记里鼓车　　　　　　　　　57

人马轮流转　灯熄马停步

　　——走马灯　　　　　　　　　　62

翁乎勤簸扬　可使糠秕尽

　　——风扇车　　　　　　　　　　66

下者之人也高　高者之人也下

　　——墨子与小孔成像　　　　　　73

世界上最早的游标量具

　　——新莽铜卡尺　　　　　　　　78

引之则俯　舍之则仰

　　——桔　槔　　　　　　　　　　84

长风破浪会有时　直挂云帆济沧海

　　——明代福船　　　　　　　　　92

知足者酒存　贪心者酒尽

　　——公道杯　　　　　　　　　　96

最古老的计算机

　　——算　盘　　　　　　　　　　101

参考答案　　　　　　　　　　　　　112

王侯钟鼎将军剑 皆为矿工大斧开

——漫谈铜绿山古铜矿遗址

引言

商周时期,中国青铜器的冶炼水平达到了炉火纯青的高度,出现了大量精美的青铜器,如三星堆出土的青铜纵目面具和河南安阳出土的后母戊鼎等。那时所用的铜矿石主要是自然铜和孔雀石。

孔雀石

让科技文物活起来

青铜纵目面具

后母戊鼎

中国古代的铜来自什么地方，又是怎么冶炼的，这些问题一直都没有答案，甚至有中国青铜器外来的说法。直到铜绿山古铜矿遗址于1973年被发现，它向世人展示了中国开采铜矿的真实情况，叙述了辉煌的青铜文明是怎样被缔造的。

铜绿山古铜矿遗址的古代矿井

王侯钟鼎将军剑　皆为矿工大斧开

矿产资源是大自然给我们的宝贵财富。中国古代虽然没有像现在一样先进的探测仪器，也没有先进的矿藏识别技术，但是，中国古代典籍中记录了一些探矿实践，总结了一些矿床中矿物的分布规律。比如，2600多年前的《管子》就记载了黄帝与大臣的对话："上有慈石者，下有铜金。"这句话的意思是，在斑岩铜金矿床附近往往有磁石产出。

黄帝像

根据《大冶县志》记载，铜绿山的山顶又高又平缓，石块巨大，相互对峙，只要下大雨，铜绿山的石头上就会出现类似雪花大小的铜绿色小豆子，铜绿山因此而得名。这个地名也许在告诉我们，这里蕴藏着丰富的铜铁矿床。根据考证，古代铜绿山冶炼出的粗铜达到8万吨以上，大部分为楚国生产，这也为楚国跻身"战国七雄"奠定了物质基础。

1973年，矿工在采矿时发现的铜绿山古铜矿遗址引起了考古界的重视。遗址发现了大量的竖炉，这说明当时已经掌握了鼓风竖炉的构筑、炉温的控制等复杂技术。经对出土的粗铜和炼渣进行化验发现，铜的纯度达到了94%，已经接近现代铜矿的冶炼水平。

中外考古界一些专家认为这个遗址可以与中国长城、埃及金字塔相媲美。2016年，上海大世界基尼斯总部授予铜绿山古铜矿"持续开采时间最长的古铜矿"称号。

铜绿山古铜矿采掘情景（图片来自：中国科学技术馆）

带辘轳水槽的陶井（图片来源：国家博物馆）

水井是西汉常见的小型灌溉设施，在中原地区，人们普遍使用被称作辘轳的一种滑轮，从较深的井中大量提水用于灌溉。这件陶井模型，有水斗、水槽、滑轮等附件，是汉代井灌的真实反映。

王侯钟鼎将军剑　皆为矿工大斧开

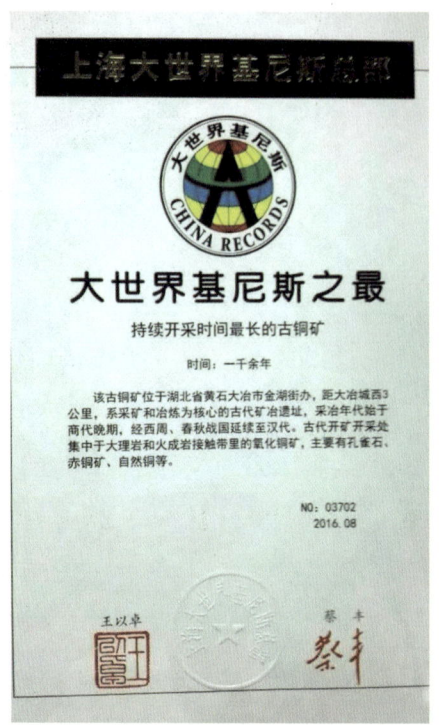

大世界基尼斯证书

考古发现，铜绿山古铜矿遗址在当时的开采过程中采用了竖井、平巷、斜巷等多种方法，利用铜斧、铜锛、石钻、木铲、铜锸、船形木斗和辘轳（lù lu）等采矿工具，解决了通风、排水、提升、巷道支护、井下照明等难题，成功地将矿井开采到地下60多米的深度。

采矿工具

在通风方面，矿工们利用不同井口气压的高低差形成自然风流，并采取封闭已经废弃的巷道的办法，控制风流沿着采掘方向前进，保证井下空气流通，以输送足够的氧气。

在排水方面，矿工们利用整根树木凿成的排水槽，构成四通八达的井下排水系统，把水引向井下积水坑，再用水桶提升出去。这样，虽然矿井处于岩石破碎带，地下水较多，但仍然初步解决了排水问题。

在提升方面，矿工们已经创造了辘轳等提升用具，分层将矿石和井下积水提升出去。在遗址中出土的木辘轳轴上还凿有榫（sǔn）眼，只要装上手柄就可以进行转动。

在巷道支护方面，矿工们对井下压力的分布情况有了初步认识，成功地创造了"榫接"和"搭接"相结合的支架形式，有效地承受了巷道的顶压、侧压和底压。

提升用具

支柱

● 考考你

铸造业在中国古代的金属加工行业中占有重要地位,并产生了巨大的社会影响。现在,我们在日常生活中经常使用的一些词汇,就来源于古代铸造业的术语。以下词汇,哪个不是来源于古代铸造业的术语?(　　)

A. 模范　　　　B. 熔铸　　　　C. 就范　　　　D. 丝丝入扣

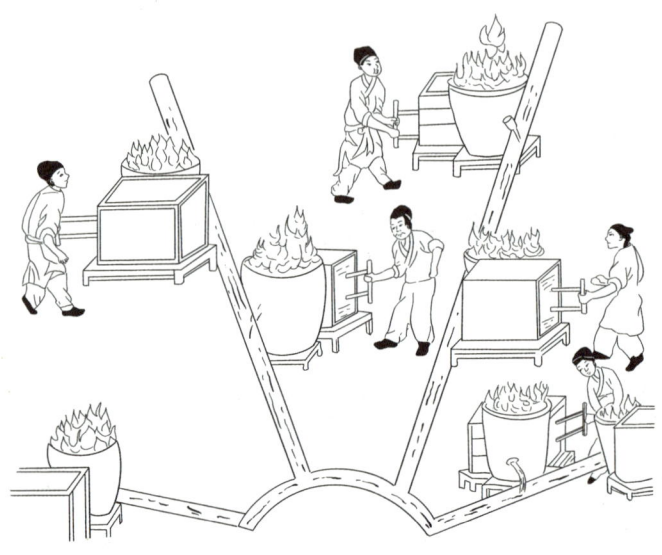

古代铸造业

古代锻造技术

刀光剑影下的"中国靴子"

——马　镫

引言

在世界兵器发展史上，每个时代都有自己的尖端武器。随着科技的发展，现代社会有了坦克、飞机、原子弹这样的"巨无霸"武器。而有些不起眼的"小家伙"，比如马镫，也曾经对战争形态的改变产生了巨大的作用。"弟兄一般大，常在腰下挂。走时不着地，藏在脚底下。"这个谜语的谜底就是马镫。下面带你了解马镫的前世今生。

我国第一颗原子弹爆炸

让科技文物活起来

中国科技馆华夏之光展厅中的马镫

人类很早就认识和驯养马匹。马的"家"被称作"马厩（jiù）"。

马厩

直到春秋时期，中国诸侯国之间的战争还是以车战为主，骑兵只是一种辅助力量。因为骑兵的作用远不如车兵，因此有"一车当十骑"之说。赵武灵王提倡"胡服骑射"后，各诸侯国才开始重视发展骑兵，中国出现了骑兵兵种。

中国古代的战车

扶上马送一程

缰绳、马鞭和马镫是骑马人的三件宝贝。马镫悬挂在鞍子两边的皮带上，在上马和骑乘时，骑马人可以用来踏脚以保持身体的稳定性。马镫可以最大限度地解放骑马人的双手，既方便骑马人舞枪弄棒，又能有效地保护骑马人的安全。

如果没有马镫，骑马人要保持自身稳定并非一件易事，骑马奔跑时骑马人也不能保持正确的坐姿。此外，由于马的躯体比较高，骑马人需要借助他人的托举或者站在高处才能骑上马背，所以有"扶上马送一程"的俗语广泛流传。

以前，权贵者有时会让仆人当作"上马石"。上马前，仆人跪伏在地，权贵者踏着仆人的后背跨上马背。当马飞奔或腾越障碍时，骑马人只能用双腿夹紧马肚子，同时用双手抓住马鬃（zōng），甚至用双手抱住马脖子。

如果没有马镫的支撑，骑马人难免"头重脚轻根底浅"，使骑兵在军事上很难发挥作用。其原因，一是长时间骑马容易疲劳，二是在奔跑颠簸的马背上难以有效地使用弓箭、刀剑和长矛，三是如果受到来自侧面的撞击，就很容易坠马。马镫发明以后，这些麻烦就迎刃而解了。

上马石

在烽火连三月的战争年代，没有人知道一副小小的马镫隐藏了多少硝烟和战火。英国科技史学家林恩·怀特曾经这样评价道："很少有发明像马镫那样简单，而又很少有发明具有如此重大的历史意义。马镫把畜力应用在短兵相接之中，让骑兵与马结为一体。"诚如斯言，马镫虽小，作用很大。

东汉彩绘没有马镫的石骑马人（图片来源：国家博物馆）

1955年河北望都二号汉墓出土，通高79厘米，长77.2厘米，宽25厘米，系石灰岩整雕再外施彩绘。骑马人左手提壶，右手提鱼，悠然自得，似外出沽酒欣然归来，富有浓郁的生活气息。其造型呆萌、生动传神。具有重大的历史价值和美学价值，是中国雕塑史上国宝级的代表之作。

马镫从发明到广泛使用，经历了一个长期过程。中国古人可能是从登山人登山时利用皮绳打成环，再踩环而上的经验中得到灵感，从而发明了初期的马镫。在马镫正式发明之前，作为马镫的初期形态，应该存在过一些具备马镫基本功能的物件，比如说用藤草、树皮、布条、皮革等做成的悬在马腹两侧的绳套。

马镫最早由中国人发明，这已经得到世界公认。在秦始皇兵马俑的马身上马具齐备，但还没有发现马镫。在东汉时期出现了挂于马匹左侧、辅助上马的单镫。在王廙（yì）（王廙是"书圣"王羲之的叔叔，322年去世）的墓中出土了一件陶马俑，上面即佩有双镫，这是目前发现年代最早的双马镫实物资料。因此，双马镫出现年代不晚于4世纪初。1965年，北燕贵族冯素弗的墓中出土了铜制双马镫，这是真正可用于骑马作战的双马镫。公元13世纪，蒙古铁骑之所以能够席卷欧洲，马镫起了巨大作用。

秦兵马俑2号坑出土的骑兵俑

陶马俑所佩双镫

冯素弗墓出土的双马镫实物

《芈（mǐ）月传》《大秦帝国》《汉王刘邦》《汉武大帝》《三国演义》等古装影视剧中，战马上都披挂着马镫。刘邦做了皇帝后，还曾衣锦还乡显摆过一回。其实，这些作品并不完全符合史实，用今天流行的说法，这是"穿越"。也许是导演为了保证演员的安全，而特意加上了马镫。

中国马镫助欧洲进入"骑士时代"

马镫发明后，很快就从中国传到朝鲜半岛。公元5世纪的朝鲜古墓中已经出现了有关马镫的绘画。580年，拜占庭国王亲自训练骑兵，特别强调必须使用马镫以更好地打击柔然人，这是欧洲文献资料中第一次提到马镫。因此，专家学者普遍认为，中国马镫由柔然人传到了欧洲。马镫也因此被称为"中国靴子"。马镫所承载的中华民族的聪明才智，永远值得我们为之骄傲和自豪！

马镫具有丰富的象征意味

中国古代文人墨客认为，佩戴马镫有步步登高、鱼跃龙门、一步登天的美好寓意。状元及第后，新科状元还要骑马游街，少不了脚踏马镫。因此，中国古代文人墨客经常随身佩戴小马镫，希望自己马到成功、金榜题名。

火柴盒上的状元及第图

布马镫曾经是陕西渣关附近姑娘出嫁常见的陪嫁品之一。母亲用针线缝制布马镫当嫁妆，盼望出嫁后的女儿能骑高头大马常回娘家看看。

● 知识拓展

屈原在《楚辞》中就有"兰膏明烛，华镫错些"的记录，说明当时已经出现"镫"这个称谓。东汉许慎在《说文解字》中对"镫"有两种解释：一种是盛熟食的器皿，另一种指用于照明的灯盏。

《广韵》是北宋时代官修的一部韵书，在这部书中"镫"字才有了马镫的意思。

● 考考你

马是大自然馈赠予我们的战斗伙伴，是建功立业的功臣。在中国几千年的刀光剑影中，马和人类同生死、共荣辱，经历无数的血雨腥风，一起创造了历史。仔细观察下面带有马的四张图片，根据你了解的马镫知识，图片（　　）不符合史实。

A. 唐代雕刻的昭陵六骏图之一

B. 李闯王进北京

C. 乾隆骑马图

D. 三国时期张辽大战逍遥津

刀光剑影下的「中国靴子」

灯焰摇摇苦读夜
纺车嗡嗡十年窗

——纺 车

早在新石器时期，中国就已经发明了纺轮用来制丝。西周时期出现了原始的纺车。关于纺车的文献记载最早见于西汉扬雄的《方言》，记有"繀（suì）车"和"道轨"。中国古代纺车主要有手摇纺车、脚踏纺车、水转大纺车等几种类型。

手摇纺车大约出现在战国时期。手摇纺车的大轮子一般直径1米，用棉线带动木锭子旋转。木锭子的轴槽大约1厘米。因此，大轮子转一圈，木锭子就要转一百圈。手摇纺车就是如此周而复始，由手柄一上一下地纺完一根线。

在纺丝、纺棉等生产实践过程中，中国人在手摇纺车的基础上创造了脚踏纺车和水转大纺车。脚踏纺车大约出现在东晋，是利用偏心轮在纺车制造上完成的一次改革。以水为动力驱动的水转大纺车出现在南宋后期，主要用于加工麻纱和蚕丝。水转大纺车具备了马克思所说的"发达的机器"所必备的3部分——发动机、传动机构和工具机。水转大纺车是中国古代将自然力运用于纺织机械的一项重大发明，是当时世界上最先进的纺纱机械。

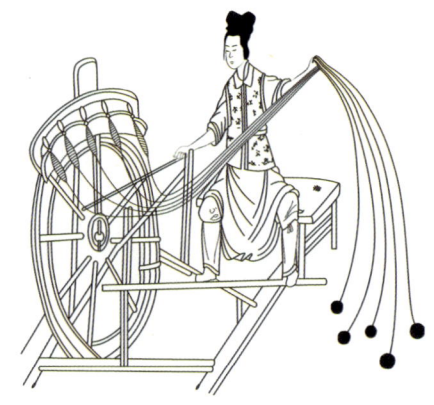

小纺车

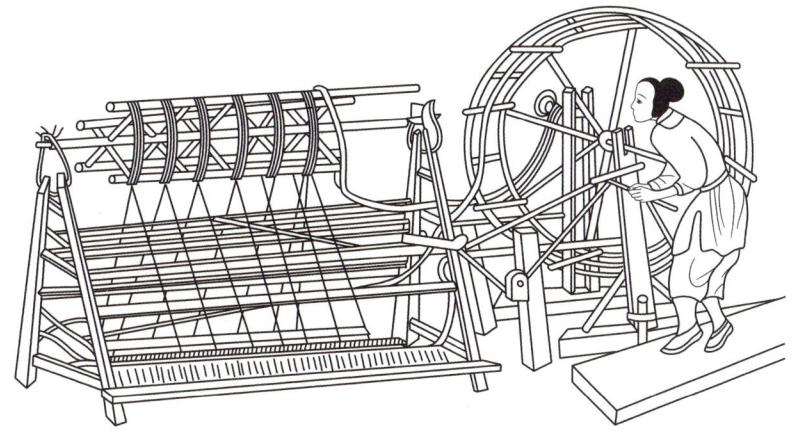

江浙水纺图

中国科技馆展示的"水转大纺车"

中国纺车的外传

在1280年左右出版的德国斯佩那尔一个行会章程中,间接提到了纺车,这是欧洲关于纺车的最早介绍。科技史专家李约瑟认为:达·芬奇的多锭制绳机与1313年以后所绘的中国多锭纺车的摹本几乎一模一样。欧洲的纺车及与纺织品有关的其他机械,是由元代从中国归来的意大利人传入的。

印度圣雄甘地崇尚以纺车为代表的农村经济,并曾经在印度掀起纺车运动。他不仅把纺车看成一种物质武器,而且看成对抗西方文明的精神武器。作为甘地精神的代表,印度人对纺车情有独钟,1930年印度国大党正式决定将手纺车轮印在自己的国旗上。

中国古代典籍中的纺车

"你耕田来我织布"之所以能够久久传唱不衰,不单纯是唱腔优美动听,更是因为其歌词是中国农耕文化的真实写照。在几千年来的中国农耕文化和自给自足的小农经济中,纺车走进了寻常百姓家,以满足封闭的日常生活需要。后来,纺车也走进了文人墨客的诗词书画之中。范成大的《四时田园杂兴》这样描述农村初夏时节的生活:"昼出耘田夜绩麻,村庄儿女各当家。童孙未解供耕织,也傍桑阴学种瓜。"这首诗把男耕田、女织麻等饶有意趣的农家生产小景描绘得淋漓尽致。《纺车图》是书画家王居正所绘。画中右边一村妇坐在小凳子上,怀抱婴儿哺乳,身旁是一架纺车,村妇右手正在摇轮。前面一老年妇女,双手引着线团。村妇身后有一个席地而坐的儿童,手中拿着木杆,牵着一只蟾蜍玩耍。纺车还走进了文学作品中。曹雪芹的《红楼梦》十五回秦可卿出殡(bìn)的途中,暂借农家休息,贾宝玉遇到乡下姑娘二丫头,二丫头不让贾宝玉乱动纺车,还为他示范了一下纺线。

纺车图

纺车是中国革命的功臣

纺车曾经为延安军民解决穿衣问题立下了汗马功劳。周恩来、任弼时带头参加纺线比赛,任弼时夺得纺线第一名,周恩来被评为纺线能手。在延安的大生产运动中广为传唱并流传至今的《纺棉花》歌中唱道:"太阳出来磨呀么磨盘大,你我都来纺呀么纺棉花。手里握紧棉花卷,根根线条往外拉。"歌词不但生动形象地描写出了军民使用纺车纺线的热烈劳动场面,而且还正确地唱出了纺棉花的步骤。当代散文家、教育家吴伯萧曾把纺车比喻为"战斗用的枪""耕田用的犁""学习用的书和笔"。他这样描述延安的纺车纺线的情景:"整齐的纺车行列,精神饱满的竞赛者队伍,一声号令,百车齐鸣,别的不说,只那嗡嗡的响声就有飞机场上机群起飞的气势。那哪里是竞赛,那是万马奔腾,在共同完成一项战斗任务。因此竞赛结束的时候,无论纺得多的还是纺得比较少的,得奖的还是没有得奖的,大家都感到胜利的快乐。"

西柏坡董必武故居陈列的纺车

陕甘宁边区妇女纺线忙(图片来源:延安革命纪念馆)

西柏坡中共中央旧址的董必武故居陈列着一架结构完整的木制纺车。纺车长126厘米,宽50厘米,高81厘米。1947年5月,董必武和夫人何莲芝来到西柏坡。为减轻农民负担,中央领导和机关干部带头参加生产劳动，何莲芝就是用这架纺车纺线来自给自足的。董必武也向何莲芝学习了全套纺线技术。"小小的那个纺车呀吱扭扭地转，摇起那个纺车纺线线……"这首《纺车谣》曾经在西柏坡周边的村村落落广为流传。1997年5月，这架纺线车被定为国家二级文物。

灯焰摇摇苦读夜，纺车嗡嗡十年窗。诚如斯言，小小的纺车承载过中国人"耕读传家、诗书继世"的美好梦想，见证过中国厚重的历史。使用纺车的历史虽然远去，但纺车应该永远留在我们心中。

● 考考你

人类社会发展史实际上就是一部大众创业、万众创新的历史。第一次工业革命的发明创造者大多是一线操作的工人，他们中大多数没有光荣的族谱和坚强的后盾。比如，1765年，英国织工哈格里夫斯发明了珍妮纺纱机，恩格斯称其为"使英国工人的状况发生根本变化的第一个发明"。哈格里夫斯本来是英国一个普通织工，一天，他和妻子吵架，愤怒中把纺车踢翻了，发现原来水平放置的纺锤变成了垂直竖立，却仍在不停地转动。哈格里夫斯想：纺锤竖立时还可以转动，如果并排使用几个竖立的纺锤，应该可以同时纺出好几根纱。经过很多次尝试，哈格里夫斯制造出了新式纺织机，大大提高了工作效率。这段话说明（　　）。

　　A. 人人皆有可能创造发明
　　B. 英国是创造的国度
　　C. 创造发明是偶然得到的
　　D. 创造发明者脾气都不好

高悬大镜　坐见四邻

——潜望镜

　　静止的水面是光的良好反射面。人类很早就注意到平静水面中的倒像。殷商时代，我国就已有人利用静止的盘水作为照像器具，这种器具叫"水鉴"，也就是后来所说的"水镜"。甲骨文的"鉴"字，其形就像一个人面对盆来照颜。可见，在人类还没有掌握青铜器的铸造技术之前，用盆盛水当镜子来照颜是很普遍的。在金属镜得到发展以后，以水照颜还是很普遍，因为盆、水和我们的日常生活息息相关，它们更容易获得。

　　在古代，我国的一些名山古刹（chà）的屋檐下，经常倾斜地挂着一面青铜大镜。当有贵人从山下的小路走上来时，古刹里的和尚便会提前走出庙门来迎接。和尚没有千里眼和顺风耳，为什么可以知道有人要"登三宝殿"呢？打开我国古代典籍《淮南万毕术》一书，就能明白其中的秘密了。和尚之所以能知道庙门外的情况，是因为和尚在地上放了一盆清水，其正好对着青铜大镜。和尚看到水面映出的像，就知道庙外的情况了。

刘安及其《淮南万毕术》

　　刘安（公元前179—公元前122年），汉高祖之孙，袭父爵位为淮南王。刘安"笃好儒学，兼占候方术"，他不仅是一位思想家、文学家，还是传播科学知识的先驱者。当时，淮南一带是我国的科学文化中心之一，所以

刘安像

"道术之士并会淮南,奇方异术莫不争出"。一些典籍说这派人有许多奇妙的本领,大概其中有一些就是利用科学技术搞的幻术。

《淮南万毕术》是刘安及其门客的作品,是我国古代有关物理、化学的重要文献。尽管刘安并不是物理学家,但他在其著作中汇集了中国古代物理实验的精华,向我们展示了一个丰富多彩的物理实验世界,激发了人们动手实验的欲望,从而推动了中国古代物理实验活动的发展。

《淮南万毕术》中的潜望镜

公元前2世纪,汉代初期成书的《淮南万毕术》记载:"高悬大镜,坐见四邻。"东汉高诱注《淮南万毕术》时指出:"取大镜高悬,置水盆于其下,则见四邻矣。"这段文字虽然惜字如金,但是明确地告诉了我们制作简单潜望镜的方法。在悬镜照邻中,水盆的作用是把从大镜反射到水盆水面的光线再反射给人眼,使人能看到墙外的情景。显而易见,水盆与大镜的组合,已经构成了简单的潜望镜,是一个利用光的反射特性的杰出发明。

刘安和他的门客根据平面镜组合反射光线的原理发明了世界上最早的潜望镜装置。利用潜望镜装置,不出门就可隔墙观察墙外景物。装置虽然简单却影响深远,它和现在实际使用的许多很复杂的潜望镜的原理是完全一样的,可称为近代潜望镜的"鼻祖"。中国科技馆华夏之光展厅的"潜望镜"展品就是根据《淮南万毕术》的记载复原的互动展品,它使观众感受到中国古代科技取得的辉煌成就。

《淮南万毕术》中的潜望镜

潜望镜的原理及应用

潜望镜是指从水面下伸出水面或从低洼坑道伸出地面,用以窥探水面或地面上活动的装置。中学教科书中的潜望镜,通常是把两面平面镜成45°角安装在Z形曲管的转弯处。《淮南万毕术》记载的潜望镜没有Z形曲管,是开管潜望镜。

简易潜望镜是由装在Z形曲管中的两块平面镜组成的,两面镜子相互平行。远处物体射向第一块平面镜的光线，经反射后，投射到第二块平面镜上，再经第二块平面镜反射进入人的眼睛，人眼看到的是经过两次反射的像。

因为平面镜不能百分之百地反射光，有损失，所以反射光会变弱。为了观察得更清晰，现代的潜望镜把反射光线的两块平面镜改成两块直角棱镜。全反射棱镜可以减少光反射时的损失，增加像的清晰度和照度，使所成的像看起来更清楚，不会出现重影。

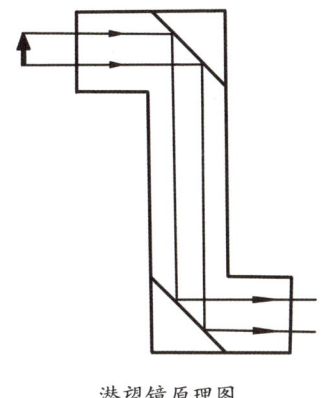

潜望镜原理图

现代潜望镜是一种在隐蔽处观察外界情况时常用的光学仪器，主要是为国防和科研服务的。在潜水艇、坑道和坦克内，常用潜望镜侦察敌情。火箭发射场里，科学家在地下室利用潜望镜观察火箭的发射；在进行原子物理实验时，科学家则利用潜望镜隔着厚厚的保护墙，观察实验情况。

西方早期对潜望镜的研究

由于历史久远，潜望镜是谁发明的，已经很难考证了。但是，《淮南万毕术》是世界上最早记载潜望镜原理的书籍。

潜望镜是潜艇的眼睛。潜望镜在不被水面舰船发现的前提下能观察海面的情况。历史上，最早的潜艇是没有潜望镜的，潜艇在潜没航行时只能毫无方向地摸索着前进。

现代潜艇潜望镜是20世纪初由德国人发明的。1906年，德国海军建成第一艘潜艇时，就已使用了相当完善的光学潜望镜。它的主要部件是一根长钢管桅杆，由物镜、转像系统和目镜等组成，可升至指挥塔外5米高的位置，两端都安装有棱镜和透镜，并可将视野放大6倍。当时的潜望镜观察距离很近，视场狭窄，图像质量也很差，而且夜间无法使用。

尽管潜望镜的原理很简单，但实际上它却是一个非常复杂的光学装置。目前，各国的潜艇都离不开潜望镜，只是其功能和传感器的配置有所不同而已。

● 知识拓展

中国历史文献中的潜望镜

我国古代不仅创制了潜望镜,而且对潜望镜的原理也有相当的认识。刘安之后,北周文学家庾(yǔ)信(513—581年)第一个将"悬镜"写入诗中,使"悬镜"技术广为流传。庾信《咏镜诗》写道:"玉匣聊开镜,轻灰暂拭尘。光如一片水,影照两边人。月生无有桂,花开不逐春。试挂淮南竹,堪能见四邻。"这首诗表达了庾信对镜的喜爱。

日食现象体现了光的直线传播,直接观看会灼伤眼睛。为了避免直视强光伤眼,至少在公元前1世纪,汉代京房已经采用水盆反射法观测日食(水盆照映),宋代又改用油盆观测日食(乌盆观日),能够观测到食分(指日、月被食的程度)不到十分之一的日食。

唐代路德明在《经典释文》里的注解《庄子·天下篇》中说:"鉴以鉴影,而鉴以有影两鉴相鉴,则重影不穷。"意思是:一面镜子的反射光线遇到另一面镜子,就变为入射光线,又经过再一次反射;两镜之间经过几次反复,镜中不仅有实物的像,还有像的像,因而能看到许多的像。这段话,已经是对潜望镜原理比较深入的阐述了。

● 考考你

上海市公务员录用考试中曾经有一道题:如下图所示,一U形潜望镜,由两块平面镜组成,若用该潜望镜去观察一只台钟,看到的钟面上时刻为7:25,那么此时的实际时刻是(　　　)。

A. 10:05　　　　B. 7:25　　　　C. 4:35　　　　D. 1:55

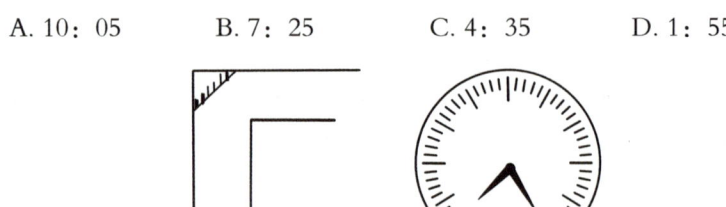

U形潜望镜

让科技文物活起来

杯里乾坤大 壶中日月长

——倒灌壶

在漫长的陶瓷烧造历程中，我国古代制瓷工匠曾经创造了许多具有奇思妙想和令人叹为观止的精巧之作。倒灌壶就是其中很具代表性的器物之一。倒灌壶最早什么时候出现，目前还没有定论。考古发现，宋、辽、金时期，倒灌壶就已经比较流行了。倒灌壶名称的由来，与其独特的使用方式有关。壶中酒从底部梅花形的小孔沿着通心管灌进壶内，故得名倒灌壶，又称为内管壶、倒流壶、倒装壶。

1968年，陕西省彬县出土了一件瓷壶。经著名陶瓷专家耿宝昌、冯先铭等先生鉴定，该壶被确定为青釉（yòu）提梁倒灌壶。该壶在造型、艺术、科技三方面均属一流，雅俗共赏，是耀州窑古瓷中的代表性器物，被誉为"华夏第一壶"。这件文物不仅造型新颖别致，纹饰繁缛（rù）华丽，而且设计巧夺天工，艺术价值无与伦比。1998年，该壶被国家文物部门评定为国家级文物。

倒灌壶

倒灌壶剖面图

与静态式展览的博物馆不同的是,中国科技馆很多展品都是互动性的,注重让观众动手体验科学、启迪创新。华夏之光展厅就有仿造的金属造的倒灌壶和一个水池,观众可以自己动手操作,亲自体验倒灌壶的神奇。说明牌图文并茂,向观众解释倒灌壶的奥秘。

倒灌壶的原理及启迪

普通壶的壶盖都是可以打开的。倒灌壶壶内结构复杂,壶盖与壶身相连,是虚设的,不能打开。倒灌壶作为实用器物,怎么实现灌酒呢?这是我国古代工匠利用了连通器液面等高的原理来实现的。倒灌壶的内部设计了两个通心管,中心通心管底部连接壶底梅花形小孔,上端

明代倒灌壶(图片来源:邯郸博物馆)

则高于壶中的酒面,这样倒灌壶正着放置时壶底的小孔不会漏酒;另一个通心管在壶嘴处,确保向壶中注酒时酒不会从壶嘴溢出。因此,倒灌壶是一件非常有趣的实用酒器,为古人饮宴时增加了不少乐趣。

另外,倒灌壶的壶盖和壶身连在一起,不能打开,所以比我们日常生活中常用的壶,密封更加严实,酒不容易挥发,灰尘也不能落入壶内,因此更加卫生。倒灌壶只有一个小的壶嘴,酒晃动时不易洒出,倒酒时也不用担心壶盖脱落。早期的倒灌壶大多是提梁式的,这种壶式也方便外出携带,因此倒灌壶很可能首先是从使用功能的需要出发而设计的。

倒灌壶是中国古代的"高科技产品",其设计制造体现了古代工匠所具有的较高的科技知识。它利用了初中物理所涉及的连通容器液面等高的原理。连通器中只有一种液体,并且液体不流动时,各容器中的液面总是保持相平。

倒灌壶的神奇现象,给我们一个启示:从某种意义上说,倒就是正,正也是倒,倒的终点为正,正的终点为倒。在日常生活工作中,否(pǐ)极泰来,做任何事情都不要超越限度。虽然道理很简单,但只有真正领会

其意并实践之，在生活工作中才会大有裨益。

我国古代对连通器原理的认识

我国古人很早就懂得应用连通器的原理，船闸就是我国古人智慧的结晶。广西灵渠开凿于公元前214年，是我国古代著名的水利工程。灵渠的陡门就是世界船闸史上最早的船闸雏形，它便是利用了连通器的原理。

1293年，我国天文学家、数学家、水利工程专家郭守敬在通惠河上建立了24座船闸，以提升航道水位，有效解决了漕运船只负重逆行进入北京城的难题。

郭守敬雕塑（图片来源：郭守敬纪念馆）

知识拓展

随着科学技术的发展，倒灌壶的制作水平也越来越高，后来还出现了"两心壶"，又名"良心壶"，也有人称为"鸳鸯壶""阴阳壶"。这是因为"两心壶"可以同时注入、倒出两种不同的酒。"良心壶"是"两心壶"的谐音，是古人喝酒时作弊或取乐使用的酒壶。当在酒壶的两个不同的壶胆内盛满不同的酒后，按住其中某一个入口，某种酒就不会从出口倒出，倒出的是另一种酒。这其实是利用了物理学的气压原理。《甄嬛传》中果郡王让甄嬛关上窗户，乘机调换酒杯，自己喝下毒酒，费尽心机保护了甄嬛。他使用的酒壶应该就是"良心壶"，这样可以在无形之中倒出不同的酒，让饮酒者不容易察觉。

● 考考你

题目1：

《增广贤文》是我国明代时期编写的儿童启蒙书目，其中有一句"人贫不语，水平不流"。这句话的意思是：人贫穷就没有话语权，要少说话；水没有落差，就不会流动。这句话启迪我们，凡事要量力而言，量力而行，不要说过头话，不要做勉强之事。这里的"贫"不只是财富上的贫穷，还包括知识和能力的不足。"水平不流"体现的物理原理是（　　　）。（提示：茶壶、锅炉水位计、船闸等也利用了这个原理）

题目2：

自己动手制作连通器。我们利用两个一次性的纸杯和一个吸管就可以制作一个连通器。首先用剪刀在两个杯子的杯壁下端分别剪下一个小圆孔，然后将吸管插入两个小圆孔，最后用透明胶将吸管固定在杯子上，防止吸管滑下来。这样，最简单的连通器就做成了。我们把水倒入任何一个杯子，这个杯子里的水可以通过吸管流入另一个杯子里。读者朋友们，仔细观察一下，水面是平的吗？

黄钟之声绕梁久
鱼跃龙门落玉盘

——喷水鱼洗

"洗"在古代不仅是一个动词,还是一个名词,特指一种盛水、洗涤的盆形器皿。从材质上来说,洗有铁洗、铜洗、陶洗、木洗等。洗的盆底通常刻有四条栩栩如生的鲤鱼,鱼嘴处的喷水装饰线从盆底沿盆壁辐射而上,所以称为"鱼洗"。"鱼洗"形似洗脸盆,底是扁平的,盆壁自然倾斜外翻。盆沿左右各有一个把柄,称为双耳。在鱼洗中放入适量水,然后用双手去摩擦鱼洗双耳的顶部,随着双手同步地摩擦,水珠从鱼洗四个鱼嘴处喷出。继续摩擦鱼洗双耳,水花会喷溅得更高。在喷水的同时,鱼洗还会发出声音。

浙江省杭州虎跑寺和杭州博物馆的"阴阳鱼洗盆"是比较稀有的艺术品。我国很多博物馆和旅游景点都有鱼洗供观众赏玩。

中国科技馆展示的"鱼洗"

喷水鱼洗

喷水鱼洗的原理

当双手摩擦鱼洗的洗耳时,鱼洗因为受到外力的作用而发生受迫振动,当受迫振动的频率和鱼洗的固有频率相同或相近时,就产生共振。由于鱼

驻波演示

洗底部的限制，振动不能向外传播，只能在鱼洗内反射迭加，所以便形成了水驻波。尤其难得的是，鱼洗中四条鱼的鱼嘴总是刻在对准4节线振动的波腹位置上，这些地方水的振动也是最强烈的。这可使人们产生一种错觉，以为鱼洗中刻画的鱼突然间喷出水柱，非常有趣。

● 知识拓展

共振是物理学上一个使用频率很高的专业术语，在声学中也被称为"共鸣"。没有共振，我们就会失去很多天籁之音。昆虫的鸣叫声，鸟儿的歌唱声，很多乐器的发声都是共振的作用。

中国古人在战争中发明了各种各样的共鸣器，用来侦探敌情。战国初期，科圣墨子发明了侦探敌情的方法。《墨子》中记载了共鸣器的制作方法：在城墙根下每隔一定距离挖一个深坑，坑里埋置一个大陶瓮，瓮口蒙上皮革，让听觉聪敏的人伏在瓮口上听动静。这样不但可以发觉敌人挖地道的声音，还可以根据各瓮瓮声的响度差识别来敌的方向和位置。宋代的曾公亮把《墨子》记述的蒙有皮革的瓮叫作"听瓮"，把瓮口不蒙皮革、直接覆在地道里谛听的方法叫作"地听"。

共振也可能带给我们灭顶之灾。高山上的一声呐喊，可能引起山顶积雪的共振，顷刻之间就会造成一场大雪崩。1849年，在法国曼恩河上，当列队的士兵通过河上大桥时，桥身突然发生断裂，结果两百多人落水死于非命。其实，这座102米长的桥梁并不是"豆腐渣"工程，也没有超过可以承受的重量，事故的罪魁祸首就是共振。

现在，共振在我们的社会和生活中"震荡"得更为频繁和紧密了。比如，微波炉就是共振技术的体现。食物中水分子的振动频率与微波炉发出的微波的频率大致相同，两者发生共振，可将水中的能量转化为热能，从而达到使食物从内部快速加热的效果。

中国历史文献中的喷水鱼洗

喷水鱼洗的起源年代现在还不能完全确定。喷水鱼洗的最早文字记录见于北宋何薳（yuǎn）（1077—1145年）所写的《春渚（zhǔ）纪闻》，其中提到了石重贵向辽主进献鱼洗。

我国少数民族地区也曾发现过类似喷水鱼洗的器皿。清末民初徐珂（1869—1928年）编写的《清稗（bài）类钞》一书中的"李子明藏古苗王铜锅"记述了该器物的形制：外形像一个平底锅，重十余斤，上大下小，两耳有鱼形纹。还说明了其声学性能："摩其两耳，即发声如风琴、如芦笙、如吹牛角，其声嘹亮，可闻里余。"尤其引人注意的是，这段话明确提到该铜锅是得自于苗王，表明我国少数民族也具有非凡的智慧。

由喷水鱼洗引发的思考

培根曾指出：印刷术、火药和指南针已经改变了世界的面貌。其实，正如李约瑟所言，中国"在3世纪到13世纪之间保持一个西方所望尘莫及的科学知识水平"，现代西方世界所应用的许多发明都来自中国，中国是一个发明的国度。

楚雄州苗族芦笙
（图片来源：云南民族博物馆）

但是，在中国古代科学的发展当中，的确很少有超脱实际应用目的、致力于对自然界基本规律的系统深入研究的成果。火药主要用来放鞭炮而不是作战，指南针主要用来看风水而不是航海，被中香炉主要用来熏香而不是交通领域。中国古代鱼洗，也只停留在供人们欣赏的水平，没有上升到科学理论的高度。近代"声学之父"克拉尼（1756—1827年）在研究金属板振动时，在板上撒了一层薄细砂，他据此画下了"克拉尼砂图"。可惜，他没有看见中国的喷水鱼洗表演。否则，他可能会以此画下壳体振动的"水图"。

今天，我们在奋起直追世界先进科学技术，正在奋力实现科学梦、中国梦，不能再停留在现象层面，要把经验上升为理论。为此，一是增强自信，不宜妄自菲薄，二是以开放的心态，积极学习先进的科学技术。唯有如此，我们才能在世界科学的舞台上扮演自己应有的角色，实现高水平科技自立自强。

● 考考你

中国古人不但发现了共振现象，而且发现了消除共振的方法。晋代张华（232—300年）不但对共振现象作出了正确的解释，而且提出了消除共振的方法。据记载，京城有户人家有一个铜盘，朝廷敲钟的时候，铜盘就自己响起来。张华提出，用锉刀在铜盘周围稍微锉一点，就不会发生共振了。铜盘的主人照此去做，铜盘就不再鸣响。这是因为，铜盘稍稍锉去一点，就改变了它的_____。因此，铜盘就不再和钟声共振鸣响了。

活塞式机械的鼻祖

——风　箱

● 引言

老鼠天生爱钻洞，以为风箱的活门就是洞口，一调皮就钻了进去。它哪里知道，钻进去容易，想钻出来就难了。由此，产生了一句歇后语：风箱里的老鼠——两头受气。

生长在新时代的少年儿童，可能在动画片或者宠物店里见过老鼠，可风箱是什么，恐怕见过的不多。再问为什么用"风箱里的老鼠"比喻两头受气，恐怕更是丈二和尚摸不着头脑。下面为大家详细介绍有关风箱的知识。

汉代冶铁技术中的橐（鼓风吹火器）

以前农村家家户户的锅灶旁边都放着一个风箱。做饭的时候,拉起风箱,"唿嗒唿嗒"声不绝于耳,灶膛里的火也就旺起来了。"烧灶属猴相,两眼望锅底。灰往两边分,柴往中间放。一手拿火棍,一手拉风箱。"这是以前用风箱烧火做饭的真实写照。

风箱的外形,像一个横写的"酉"(yǒu)字。风箱实质上是个活塞式鼓风器,由箱体、手柄及

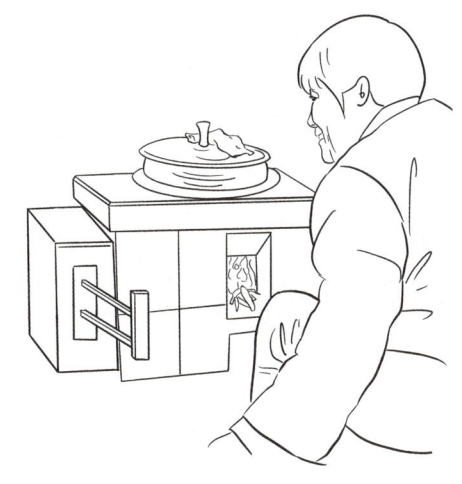

用风箱烧火做饭

与手柄相连的薄木板和活门(一般前后各1~2个)组成,风箱下端有出风口。当向外拉动手柄的时候,风箱背后的活门打开,吸进空气并从风箱的出风口将空气吹出。当向里推动手柄的时候,风箱前部的活门打开,吸进空气并将空气从风箱的出风口吹出。如此来回推拉,驱动薄木板往复运动,使活门一启一闭,就可以不断地给炉灶鼓风。

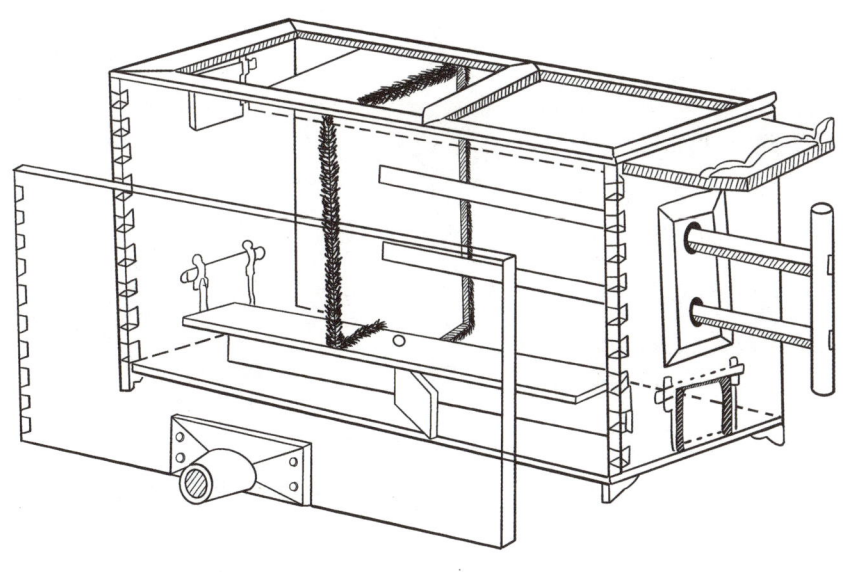

风箱剖面图

活塞式机械的鼻祖

山东省滕州市出土的汉代冶铁画像石中的橐

风箱是何人何时发明的，已难以考证。远古的时候，人们就开始用竹筒子吹火，用树叶子扇火。后来古人发明了橐，它是用牛皮或马皮制成的一种皮囊，又称橐龠（tuó yuè），这是中国古代最早的鼓风器，也是风箱的前身。

1930年山东省滕州市出土的汉画像石刻中有一幅冶铁图。中国科技史学家王振铎先生根据此图和有关的文献记载对汉代皮囊的工作原理进行了复原：拉开皮囊，空气通过进气阀进入橐中；压缩皮囊，橐内空气通过排气阀而进入输风管，再进入冶炼炉中。

水力驱动的橐又称为水排、鼓风水排，是我国古代一种冶铁用的水力鼓风装置。《后汉书》记载了南阳太守杜诗发明水力驱动的橐的事情，并评价道：它"用力少而建功多，百姓便之"。一座炉子用几个橐排成一排，称为"排橐"。用水力推动的这种排橐，就称为"水排"。水排的发明是人类利用自然力的一个成功案例。

水力风箱

木扇风箱大约出现在宋代，到元代时就完全代替了橐龠。1313年刊印的元代农学家王祯所著的《农书》中，绘有用水力推动的木扇风箱。根据水轮放置方式的不同，王祯将水轮装置分成立轮式和卧轮式两种。

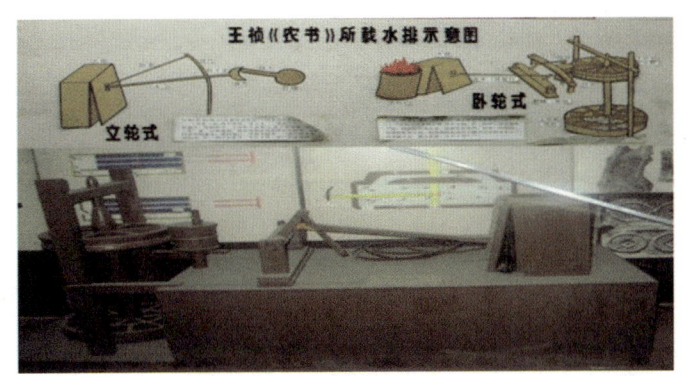

水排风箱模型

木扇风箱依靠木质箱体的一面木板的启闭运动来形成气流。虽然木扇风箱鼓风效率较低，但是用木箱代替皮囊，其取材、制作和鼓风方式都更加方便。

活塞式风箱可以实现往返连续鼓风，风压大、效果好，是古代鼓风技术上的重大进步。据英国科学家李约瑟考证，1280年成书的《演禽斗数三世相书》中有一幅打铁图。图中两人正在打铁，冶炼炉中燃着火焰，炉旁有一个简单的活塞式风箱。

明代科学家宋应星在《天工开物》中绘有许多风箱图，而且不同用途的风箱，其进气或出气的活门数量也不相同。大约到了明代，活塞式木风箱已经取代了木扇式风箱。

《天工开物》中的风箱

活塞式机械的鼻祖

中国与发明蒸汽机擦肩而过

蒸汽机＝水排＋风箱，这是李约瑟的一个著名论断。他想用这个公式说明，如果没有中国古代技术成就，蒸汽机是难以发明的。遗憾的是，最早发明"风箱"和"水排"的中国人却没有发明蒸汽机。

英国的修理工瓦特改进和发明的蒸汽机，催生了第一次工业革命。小时候的瓦特看到炉子上茶壶的水快烧开了，壶盖被蒸汽顶起来，一上一下地掀动着……他想："蒸汽的力量真大。如果能制造一个非常大的炉子，再用大锅炉把水烧开，产生的水蒸汽肯定比水壶大很多倍。"这就是大家耳熟能详的瓦特发明蒸汽机的故事。

溢出水壶外的蒸汽

风箱成为科普场馆的常见展品

随着城市化进程的加快，越来越多的农村人远离了曾经辛苦耕作的土地，风箱也慢慢地淡出了我们的视野。

现在即使在农村，很多家庭都使用液化气、电磁炉、电饭锅等烧饭炒菜。即使在婚丧嫁娶等重要日期，需要大量烧饭炒菜，也用电动吹风机代替风箱了。

风箱虽然被淘汰，成为博物馆的藏品或者科技馆的展品，但是风箱所发出的"唿嗒唿嗒"声，永远留在了中国人的记忆里。

墨子纪念馆中的风箱

知识拓展

因为古时候"老"和"李"同音,"耳"和"聃(dān)"同义。所以李耳又称老聃。"天地不仁,以万物为刍狗;圣人不仁,以百姓为刍狗。天地之间,其犹橐龠乎?虚而不屈,动而愈出。"这是道家学派创始人老子在《道德经》中用橐龠阐述"无为而治"的一段话。老子认为,天地之间就像一个风箱一样。风箱有三大特点,一是风箱里面是空的,除了空气什么都没有;二是风箱里面的空气是永远用不完的;三是风箱越捣鼓,风就越多,风量就越大。

老子画像

字源演变:

甲骨文   金文   小篆   楷体

字源演变:

甲骨文   金文   小篆   楷体

橐(tuó)字和龠(yuè)字的演变

考考你

《墨经》中就有在炉子里燃烧芥末放出气体、用风箱将其打入围城敌军隧道的记载,这就是"烟熏火攻"的防御战术。现在战争中将毒气运用于战争的第一人是德国化学家弗里茨·哈伯(1868—1934年)。他毁誉参半:因为攻克氨的合成获诺贝尔化学奖,也因发明大量化学武器并用于战争而遭人唾骂。1915年,哈伯亲临前线指挥毒气弹的施放,首开了人类战争史上将毒气弹用于实战的先例。辩证地看，下面对弗里茨·哈伯的评价最合适的是（　　）。

A. 获得诺贝尔奖的战犯

B. 解救世界粮食危机的科学天使

C. 奠定现代氮肥工业基础的科学天才

D. 首开毒气战先河的战争恶魔

见日之光 天下大明

——透光镜

上海博物馆收藏的一枚铜镜背面花纹的外侧有铭文："见日之光,天下大明",所以该镜被命名为"见日之光"透光镜。该镜直径7.4厘米,净重50克。周恩来总理视察上海博物馆的时候,对西汉"见日之光"透光镜很感兴趣,并手持这面镜子赞叹称奇,指示有关人员研究青铜镜为什么会透光。他说:"两千多年前的人们能铸造的镜子,我们要搞清楚其透光原理。"

上海博物馆馆藏的"见日之光"透光镜

中国古代学者对透光镜的研究

透光镜的形态和古代常见的梳妆用铜镜没什么区别,但是当太阳光或平行光照射到镜面时,被镜面反射的光线照到墙壁上,同时,铸在镜子背面的铭文、图案也会清晰明亮地显现在墙上。众所周知,铜本身是不透光的,可是用铜制成的透光镜却好像可以"透光",这究竟是怎么回事?

唐星宿八卦纹铜镜
（图片来源：长沙市博物馆）

中国古代，透光镜与编钟、喷水鱼洗一起，称为中国古代青铜三宝。起初，人们把这种具有幻术般效应的透光镜看作"神物"。中国古人从发现透光现象到有意识地制造透光镜，再到认识透光的本质，经历了漫长的过程，体现了中国古人的智慧。透光镜又叫作日光镜或者透光鉴。李约瑟曾经在著作《中国科学技术史》中把透光镜称为"不等曲率之镜"。

透光镜能够透光的现象，一直以来都受到中国古代学者的关注。历史上，沈括、吾衍（yǎn）、方以智和郑复光等中国古代科学家，对透光镜的原理、机制，分别作出了一些解释，都有其合理的一面。被李约瑟称为"中国科学史上最奇特的人物"的宋朝科学家沈括是现有文献记载中对透光镜的"透光"原理作出科学分析的第一人。他认为，铸造过程中透光镜各处热胀冷缩不均匀，才形成了透光现象。这是一种比较合理的解释，称为铸造说。

中国对透光镜的复原

几千年来，中国各种行业的工匠，发明创造出了很多工艺和产品。但是工匠容易吝惜自家的手艺，往往是摸索出一些高超的工艺手段之后，"传男不传女""传内不传外"，导致了许多优秀的工艺技术因此而中断或失传。透光镜也是如此。由于对制造透光镜的绝招"终秘不宣"，透光镜的制作方法没能代代相传。宋以后的铜镜就没有发现有透光的。

西汉中晚昭明单圈铭文镜（透光镜）

据清华大学顾问教授、铜镜研究专家王纲怀先生介绍，我国发现的现存透光镜通常在西汉晚期的前段，即"昭、宣、元、成"之间。现存透光镜的透光效果和修复的程度有关。有些透光镜因为年代久远，就没有透光效果或者透光效果变的很差，需要磨制或除锈才可以再次透光。

上海博物馆收藏了上万枚铜镜，发现有透光现象的只有四枚，而且都出现在汉代。

显而易见，历史上制造透光镜的方法应该有很多种，但是无论哪一种方法都需要非常精巧的工艺。1975年9月，上海交通大学盛宗毅教授提出透光镜"铸磨法"，即"铸造成型、研磨透光"，并根据此法成功复制出西汉"透光"铜镜。至此，我国古代透光镜的"透光"原理和"透光镜"镜面的成型机理得以用科学的方法解释。

目前，很多科普场馆在对古代透光镜进行研究的基础上，成批量仿制了古代透光镜，供公众收藏、鉴赏，既丰富了科普场馆的文创产品，又继承和弘扬了中国古代优秀科技文化，可谓一举两得。

西方早期对透光镜的认识

两千多年前，中国古人就创造出了透光镜。明代，透光镜传入日本，被日本人称为"魔镜"。19世纪，透光镜传入欧洲，引起西方学者的兴趣。欧洲首位知道透光镜的是英国学者普林赛泊。1832年，普林赛泊在印度的加尔各答偶然看到了透光镜，特意在《亚洲学会》杂志上作了介绍。1932年，英国物理学家布拉格在《光的世界》中专门介绍了透光镜的透光原理。

● 知识拓展

中国历史文献中的铜镜

"透光宝镜，仟传炼成。八卦阳生，欺邪主正。"正如古诗所言，中国古人认为铜镜有辟邪功能。透光镜作为铜镜中的珍品，以其独特的魅力受到人们的关注。在汉、唐、宋代直到清道光年间，社会上都存在着或流传过透光镜。在上海、河南等地也曾出土大量的古代透光镜。

成书于隋唐之际的《古镜记》上说：王度把侯生当师傅看待，侯生临死前赠送王度一面古铜镜，"承日照之，则背上文画墨入影内，纤毫无失"。这是目前所看到的有关铜镜"透光"的最早文字记载。

清代郑复光在《镜镜冷痴》里谈到，湖州铸造的双喜镜里有透光的，价钱高出一般双喜镜一倍以上，大家都争相购买，当作宝物收藏。

郑复光画像

由于铜镜使用久了，镜面会磨损或氧化，照人面容就不清晰，需再进行刮磨抛光，因此社会上出现一些专门的磨镜人。唐代诗人刘禹锡在《磨镜篇》就有"流尘翳（yì）明镜，岁久看如漆。门前负局人，为我一磨拂"的诗句。晚唐范摅（shū）的《云溪友议》记载："有胡生者，家贫，少为磨镜镀钉之业。是皆以磨镜淬（cuì）镜洗镜为专业，沿街售艺而自给者也。"

在古代小说中，对磨镜人也有不少生动而具体的描述。唐代裴铏（xíng）《聂隐娘》中有："忽值磨镜少年及门，女曰：'此人可与我为夫。'白父，父不敢不从，遂嫁之。其夫但能淬镜，余无他能。"宋人所绘《磨镜子图》更是描述了一幅活生生的磨镜、试镜场景。

随着社会的发展，磨镜人这个古老的职业现在逐渐萎缩，已经消失了。但是，珍贵的历史资料告诉我们，我国古代社会上确实有以磨镜为专业的磨镜人。

古代中国光学均来自于对自然现象的观察和生产经验的总结。在光学理论形成的过程中，工匠师傅的经验为从事科学研究的学者提供了有益的启示。因此，工匠的经验与学者的探索，一起构成光学发展的源流。也许正是他们走街串巷、沿街售艺对铜镜进行无数次的再加工，才创造了神奇的透光镜。

● 考考你

古　镜

古人铸鉴，鉴大则平，鉴小则凸。凡鉴凹则照人面大，凸则照人面小。小鉴不能全视人面，故令微凸，收人面令小，则鉴虽小而能全纳人面。

世有透光鉴，鉴背有铭文，凡二十字，字极古，莫能读。以鉴承日光，则背文及二十字皆透在屋壁上，了了分明。人有原其理，以谓铸时薄处先冷，唯背文上差厚，后冷而铜缩多；文虽在背，而鉴面隐然有迹，所以于光中现。予观之，理诚如是。然予家有三鉴，又见他家所藏，皆是一样，文画铭字无纤异者，形制甚古，唯此鉴光透，其他鉴虽至薄者，莫能透。意古人别自有术。

（节选自《梦溪笔谈》。其中，鉴：镜子。原：推究。差：略微。）

通过阅读古文，回答以下问题：古人制镜，使镜面略凸，可以收到"_____"的效果（请用文中原句填空）；有人推究透光镜能透光的原因，作者先表示赞同，后来产生了怀疑。他怀疑的依据是别的形制相同的镜子都不能透光，只有这面铜镜可以透光。请您写出作者的名字_____。

匠心独运　巧夺天工

——被中香炉

陀螺仪由陀螺和万向支架两部分构成，在现代的航天、航空、航海事业中，扮演了不可或缺的角色。万向支架是中国古代的杰出创造，说起万向支架就不得不提到被中香炉了。

古代中国人经常焚香除臭、熏烟驱虫，这一焚香的习俗从西周保留下来。他们把香草放在一个特制的容器中燃烧，这种容器通常被称为"被中香炉"，也称为"卧褥炉""木火通""香球""灯球"等。被中香炉设计精巧，即使放到被子里，无论怎么折腾，也不会倾覆熄灭，因此它同时具有熏衣物和取暖的两重功效。

现在很多人喜欢在汽车的座驾里放一瓶香水。其实，这也许是中国人的古老传统。中国古代的读书人喜欢在书房里焚上一炉香，营造"红袖添香夜读书"的意境。汉朝的时候就经常在车中挂一个被中香炉。"春雨依微春尚早，长安贵游爱芳草。宝马横来下建章，香车却转避驰道。"韦应物在《长安道》中写的就是这种"香车宝马"。陆游的《老学庵笔记》也描写了北宋时期的"香车宝马"："京师承平时，宗室戚里岁时入禁中。妇女上犊（dú）车，皆用二小鬟（huán）持香球在旁，而袖中又自持两小香球。车驰过。香烟如云，数里不绝，尘土皆香。"

被中香炉

被中香炉的原理及意义

"被中香炉"的记载最早见于《西京杂记》。根据《西京杂记》记载："长安巧工丁缓者……又作卧褥香炉,一名被中香炉,本出房风,其法后绝,至缓始更为之。为机环转运四周,而炉体常平,可置之被褥,故以为名。"这段话是说,长安有一位能工巧匠,叫丁缓,他重新制作了"被中香炉"。点燃香炉中的香料后,将香炉放在被褥中,任意滚动,香炉始终保持水平状态,不会倾翻。即使放在睡觉的被窝中,也不会发生火灾,故称为"被中香炉"。被中香炉"为机环转运四周,而炉体常平",这是常平支架才能达到的力学效果。其"机环",就是该支架的轴心线互相垂直的各层金属环,内环轴上悬挂盂形容器,以方便放置香草。

根据《西京杂记》的记载,工匠丁缓并不是"被中香炉"最早的发明人,他只是"始更为之"。也就是说,"被中香炉"发明的时间比丁缓生活的年代还要早。司马相如是西汉"汉赋四大家"之首,他的《美人赋》中有"金鉔(zā)熏香,黼(fǔ)帐低垂"的句子,这是西汉时代已经有被中香炉的证明。据宋代学者章樵注解,"鉔音匝,香球,衽(rèn)席间可旋转者",可见,"鉔"是"被中香炉"的专用字。

是不是《西京杂记》和《美人赋》的作者故弄玄虚、夸大其词呢?如此巧妙的"被中香炉"到底有没有呢?《西京杂记》和《美人赋》的作者对"被中香炉"的描述并没有故弄玄虚、夸大其词。1963年,考古工作者在西安沙坡村的唐代遗址中挖掘出了银质被中香炉。考古专家研究了它的构造,确实与《西京杂记》中的记述一样。

我们从古代典籍的记载和考古得到的文物可知,"被中香炉"是古人的生活用品,外壳由两个半球合成,壳上镂刻着花纹,花纹间有空隙,可以散发香气。"被中香炉"的构造关键在于它的外层无论怎样旋转,内层的炉子"常平"。在熏被褥时,外层在被褥之间随便怎样转动,内层炉子都会保持水平,炉身绕垂线转动并不影响使用。一般来说,内层与外层之间有两个或者三个自由度。"被中香炉"的这种结构设计与现在陀螺仪中"万向支架"的原理非常相似。

万向支架

西方早期对被中香炉的研究

虽然两千多年以前中国发明了"被中香炉",但在这段漫长的岁月中,我们并没有将陀螺放在常平支架上。因此,近代力学中极为重要的陀螺仪并没有首先出现在中国。

在欧洲,1500年才由意大利科学家达·芬奇(Leonavdo da Vinci,1452—1519年)提出类似被中香炉的设计,比我国晚了1600多年。意大利学者卡丹(Girolamo Cardano,1501—1576年)最早给出了常平支架的设计,所以西方人把常平支架叫作"卡丹吊环""卡丹环"。

1629年,焦瓦尼·布兰卡(Giovanni Branca,1571—1645年)在罗马以拉丁文出版了《机械》一书,最早提到了万向支架的应用。在这本书里,焦瓦尼·布兰卡提出利用常平支架来减轻车辆在颠簸不平的道路上的震动,以便运送病人。法国科学家傅科(Jean-Bertrand-Léon Foucault,1819—1868年)把万向支架用在现代科学研究上。

● 知识拓展

"君子不器"是孔子的信条。从孔子开始,很多读书人就看不起体力劳动。《西京杂记》中提到的丁缓,史籍记载不详,可能他就是汉代宫廷中的一个巧匠。按照中国传统,对于这种具有所谓的"奇技淫巧"之人是不予立传的。比如,墨家学派的创始人墨子,在《史记》中被放在《孟子荀卿列传》的篇尾,且仅有寥寥24个字:"盖墨翟,宋之大夫,善守御,为节用。或曰并孔子时,或曰在其后。"其中原因或许是"万般皆下品,唯有读书高"。但墨子的思想代表了底层劳动人民的愿望。比如,现在常见的墨子塑像在形象塑造上,也是劳动人民的形象。塑像以墨子"止楚攻宋"的事件为依托,且塑像中墨子穿着草鞋,拄着手杖,背着行装,心急如焚,风尘仆仆地奔走在救民的路上。

中国历史文献中的被中香炉

1987年,在陕西省扶风县法门寺塔基地宫内出土了两件"被中香炉"。地宫内留有当时人所作的"衣物帐",也就是入藏物品的清单,其中把它们标为"香囊"。于是,一些牵涉到"香囊"的诗句便变得容易理解了,可以转动的香囊自然就是被中香炉。

唐朝现实主义诗人白居易《青毡帐二十韵》中咏道:"铁檠(qíng)移灯背,银囊带火悬。深藏晓兰焰,暗贮宿香烟。"这是说白居易冬天把"被中香炉"

匠心独运　巧夺天工

吊挂在毡帐顶下，其内燃炭蓺（ruò）香，香缕不断散逸。唐朝诗人元稹（zhěn）与白居易同科及第，他在《友封体》描写了夏日闲居生活："雨送浮凉夏簟（diàn）清，小楼腰褥怕单轻。微风暗度香囊转，脆月斜穿隔子明。"这是说元稹所住的小楼上挂有"被中香炉"，微风吹入，"被中香炉"随着风力轻轻转动。唐朝诗人胡杲（gǎo）《七老会诗》记述了七位高寿老人集会的场景："凿落满斟判酩酊，香囊高挂任氤氲。"这说明，唐朝文人雅士的社交场合经常吊挂"被中香炉"，让它们在高处散放芳香。

● 考考你

2016年，李克强总理在《政府工作报告》中强调要"培育精益求精的工匠精神"，这是"工匠精神"这一概念首次出现在《政府工作报告》中。其实，中国古代也有工匠精神。工匠中最有名的是鲁班，他姓公输，名般。工匠出身的鲁班，发明创造很多，包括曲尺、墨斗、刨子、钻子、凿子、铲子等。

梅之焕是明朝诗人，曾去李白墓前凭吊，发现很多人在墓地题了诗。于是，他也题诗一首："采石江边一堆土，李白之名高千古。来来往往一首诗，鲁班门前弄大斧。"

有一个成语和鲁班有关，比喻在行家面前卖弄本领，不自量力。这个成语是_____。还有一个歇后语_____也是这个意思。

匠心独运　巧夺天工

没有文字的座右铭

——欹 器

● 引言

中国古代曾经出现过腹大、口小、底尖并带有两个提耳的器具。这种器具空的时候是倾斜的，装一半水的时候是直立的，装满水后又会翻倒。读者朋友知道这种器具叫什么吗？它对我们有什么启迪？读完下面的介绍，您就会更加认真地去学习知识了。

儿童科学乐园中常见的"小水桶翻转"

"欹"（qī）是倾斜的意思，"欹器"最初是中国古代用来打水的器皿。"欹器"也可写作"攲器"。在西安半坡遗址中出土了6000年前的一种口小、底尖的水罐，在水罐的腹部中央偏下有两个提耳。当绳子吊起空水罐的时候，水罐是倾斜的；把水罐放到水井中，进水到一半的时候，水罐就会自动竖立起来；如果水装满了，将水罐提起来，水罐又会倾斜，倒出一部分水来。

西安半坡博物馆参观券中的尖底瓶

尖底瓶

欹器的启迪作用

荀子是战国末期儒家代表人物，曾提出"水则载舟，水则覆舟"思想。荀子在《荀子·宥坐》篇中记录了孔子观欹论道的故事。孔子曾经在鲁桓公的庙里看到"欹器"，他虚心问守庙人并让弟子实际操作，总结出了"虚则欹，中则正，满则覆"的人生哲理。

　　孔子回到家里，把欹器放在座位的右侧，提醒自己活到老，学到老。电影《孔子》以欹器注水的开场镜头来揭幕孔子一生的故事，表达了儒家的中庸之道。民间俗语所说的"半罐水，响叮当"和"一瓶子不满，半瓶子咣当"也是告诫我们要谦虚谨慎。

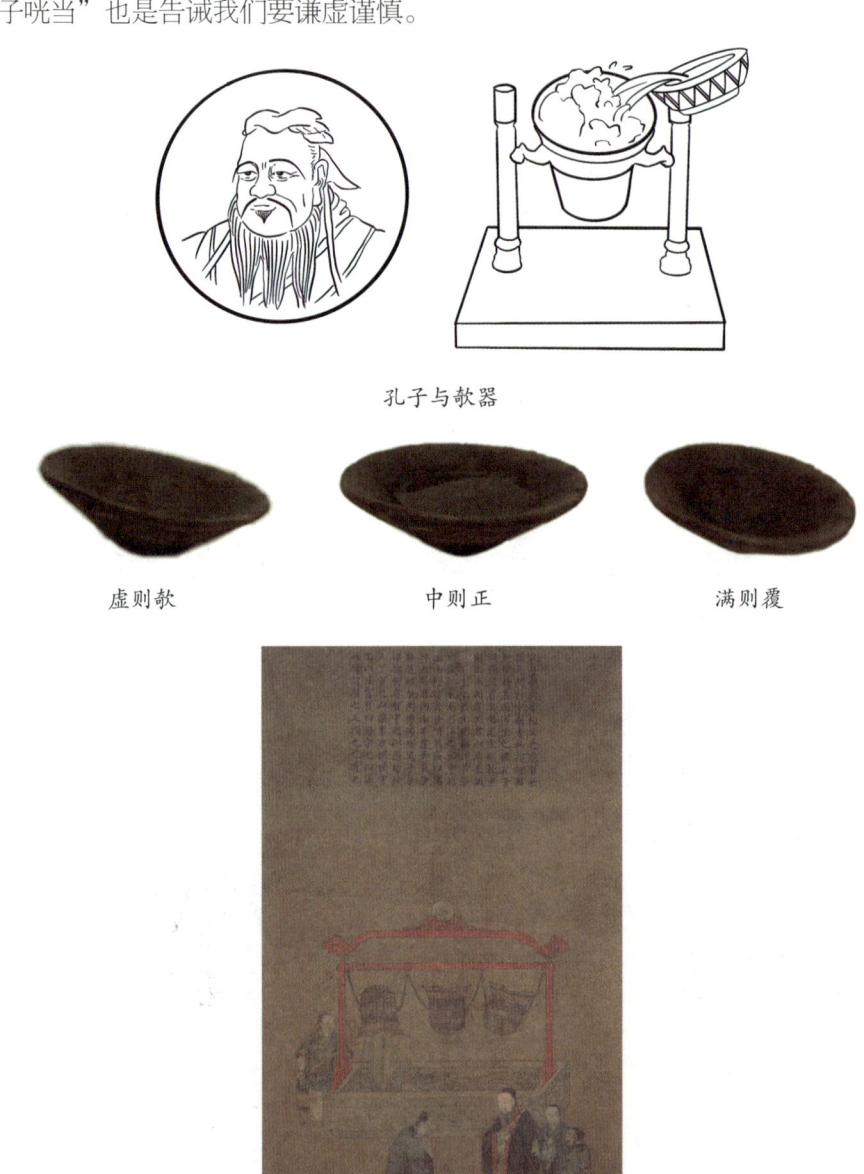

孔子与欹器

虚则欹　　　　　中则正　　　　　满则覆

观欹图（图片来源：孔子博物馆）

至圣先师孔子和历代的帝王将相都非常看重欹器，将欹器看作修身、齐家、治国、平天下的警戒之物。甲骨文中的"卿"字，就是宰相与君王共同守着欹器的形象。鲁国的国君将欹器作为圣器放在庙中祭祀。齐桓公座位右边也放着欹器，用以警戒自己。清朝皇帝紫禁城里摆放欹器，用来警戒皇帝，以利于维护统治。

苏易简是北宋的状元，官至参知政事。他在担任谏官期间，用酒水试欹器，以"日中则昃（zè），月满刚亏，器盈则覆，物盛则衰"劝谏宋太宗持留守成，慎终如始。

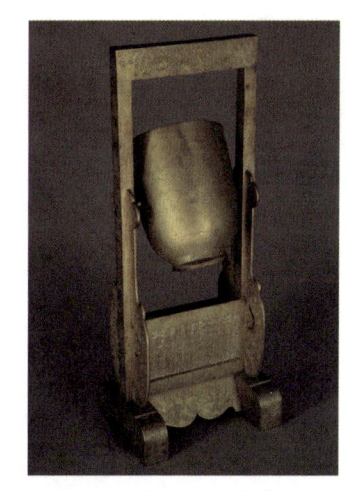

欹器（图片来源：故宫博物院）

欹器的复制

欹器从周朝到东汉，一直都是帝王的宥坐之器。东汉末年，由于战乱，欹器逐渐从人们的视野中消失。中国历朝历代很多能工巧匠都希望复原欹器来显示自己的技艺。西晋的杜预、南北朝时期的祖冲之、隋代的耿询、唐代的马待封等都成功复原出了欹器，但没有能流传下来。

1965年，北燕宰相冯素弗的墓中出土了一件鸭形玻璃注，让我们见到了1600多年前的欹器。鸭形玻璃注只有腹部充水至半时，因为后半部分加重，才能够放稳。

鸭形玻璃注

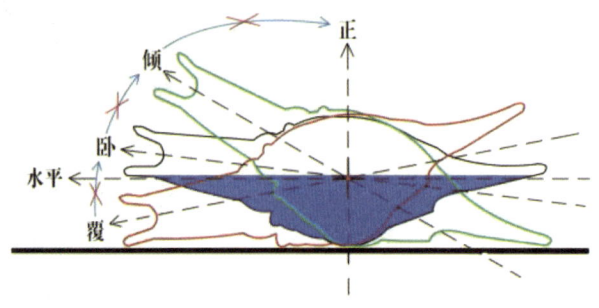

鸭形玻璃注注水情况示意图

欹器成为科普场馆的经典展品

重心位置的升降能够改变欹器的平衡状态，这就是欹器的奇妙所在。很多科技馆让观众在亲自动手操作的实践中，看到欹器灌水过程中的动态变化，体验、认识欹器的科学本质，从而领会欹器为什么称为"宥坐之器"。

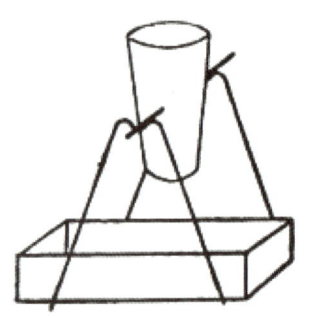 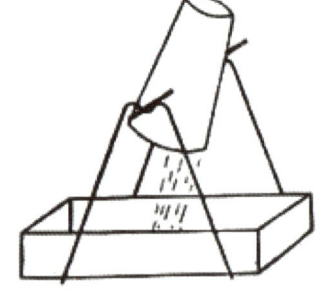

欹器动态变化

知识拓展

"欹"有两种读音。读"yī"时，意思和用法同"猗（yī）"。读"qī"时，语意与"攲（qī）"相同，意思是"倾斜，侧歪"。

刘禹锡（772—842年）是唐朝文学家、哲学家，有感欹器的奇特现象，著有《题欹器图》一诗流传于世："秦国功成思税驾，晋臣名遂叹危机。无因上蔡牵黄犬，愿作丹徒一布衣。"

● 考考你

　下面都是小朋友喜欢的玩具或者科技场馆常见的展品，其中（　　）蕴含的科学原理和其他不一样。

　A. 平衡鸟（它是只利用鸟嘴就可停在手指头上的一种玩具）

平衡鸟

　B. 空中自行车（小朋友可以和杂技演员一样，在钢丝绳上骑自行车）

空中自行车

C. 不倒翁（它是一种古老的中国儿童玩具，触动它以后就摇摆，然后恢复直立状态）

不倒翁

D. 旋转的金蛋（触动启动按钮后，金蛋开始旋转并慢慢竖立起来）

旋转的金蛋

木人执槌向鼓 行一里打一槌

——记里鼓车

我们外出的时候都曾有过打出租车、叫网约车的经历。出租车收费的多少由计价器根据里程表的数据计算,里程表记录的就是车辆行驶的路程。汽车、火车、轮船、飞机等现代的交通工具,都有速度表和里程表。出租车是舶来品,但是车上的计程装置,最早出现在中国的记里鼓车上。我们可以自豪地说:最早的计算里程的车 made in China(中国制造)。

中国历史典籍中的记里鼓车

记里鼓车又称"记里车""司里车""大章车",从记道车发展而来。汉代刘歆的《西京杂记》就有记道车的文字记载:"汉朝舆驾祠甘泉汾阳……记道车,驾四,中道。"到后来,由于加了行一里路打一下鼓的装置,故名"记里鼓车"。我们只要记录小木人击鼓的总次数,就可以知道车走过的里程。这种机械装置的科学原理与现代汽车上的里程表基本相同。

东汉孝堂山画像石中的记里鼓车

记里鼓车最早的图像资料出现在东汉孝堂山画像石中。有关记里鼓车的文字记载最早见于《晋书·舆服志》:"记里鼓车,驾四。形制如司南。其中有木人执槌(chuí)向鼓,行一里则打一槌。" 根据《晋书》记载,417年,刘裕率军打败晋军,将缴获的记里鼓车运回南京。这说明记里鼓车的应用应早于 417 年。

中国对记里鼓车的复原

中国古代器具的设计和制作大多以自然材料为主。由于木材易于获得、加工方便,并且具有强度大、硬度高、弹性好、比重小、不易变形、光滑美观等特点,古代常被用来制作车辆。记里鼓车的车辕、车轮、车厢、内部齿轮都是木质的。记里鼓车利用齿轮传动来计算距离。

三国时代的马钧,虽然一生不得志,但是成功制造了指南车、记里鼓车。到了北宋,《宋史·舆服志》对记里鼓车有两项记载:一是宋天圣五年(1027年)卢道隆制记里鼓车;二是宋大观年间(1107—1110 年)吴德仁再造记里鼓车。值得一提的是,岳飞的孙子岳珂所写的《愧郯录》也对记里鼓车的制作有所记载,与《宋史·舆服志》略有差异。

据史料记载,记里鼓车只是皇帝出行时"大驾卤簿❶"中必不可少的仪仗之一,装饰华美富丽,并没有实际的用途。其次,记里鼓车比较笨重,携带和使用不便。所以,一经战乱,记里鼓车就失传了。到了元代,记里鼓车已不见于卤簿。明清以后,记里鼓车就不见踪影了。

1937 年,历史学家王振铎❷(1911—1992 年)根据《宋史·舆服志》的记载复原了记里鼓车模型。1953 年 12 月 1 日,我国发行了第四组《伟大的祖国——中国古代发明》特种邮票,全套四枚,邮票画面选取了我国古代司南、地动仪、记里鼓车和浑天仪四项发明成果。

邮票上的记里鼓车

---

❶ 卤簿指古代帝王出行时随从的仪仗队。

❷ 王振铎是新中国成立后文化部文物局博物馆处第一任处长,是中国近代博物馆事业的奠基人之一。

中国科技馆华夏之光展厅展出的记里鼓车　　广东梅州卷烟厂出品的记里鼓车烟画

20 世纪 90 年代末，广东梅州卷烟厂曾出品 4 枚 / 套的烟画，展示了记里鼓车、皮带传动、方板链泵、浑仪等四种我国古代的发明。记里鼓车的烟画左上方有一段文字介绍："现于三国时期。车轮带动组齿轮，走满一里时，拨动木人击鼓报告行程。是减速齿轮及计速器的始祖。"烟画右下角还印有减速齿轮的画面。

记里鼓车被誉为中国古代机器人。记里鼓车的车中有一套减速齿轮系，始终与车轮同时转动，其最末一只齿轮轴在车行一里时恰好回转一周，然后由凸轮牵动绳索拉起车子上层的小木人右臂击鼓一次，以示里程。"十里击镯（zhuó）"的记程原理和击鼓记里的机械原理大同小异，只是这一减速齿轮系的末端齿轮是在车行十里时恰好回转一周，因此可以"十里一击镯"。

● 知识拓展

　　cabriolet 原意是单马双轮轻便车，是 18 世纪英国人短途旅游的常用交通工具。到了 19 世纪，人们开始将 cabriolet 缩略为 cab，来指城市中专供出租用的大型马车。我们现在常说的搭乘出租车（catching a cab）就是由此而来的。但是在那时，出租车上还没有计价器。乘客上车告知要去的地方，司机就根据路途的距离估算费用。19世纪晚期,可以自动测量车辆实际行进距离的计程器(taximeter)应运而生。随后,出租车就被人们称作 taxicab,简称为 taxi。目前,这个拼法在英语、法语、德语、瑞典语、丹麦语、挪威语、西班牙语、荷兰语、葡萄牙语等九国语言中被应用。

1913年,北京最早使用的出租汽车车型是美国产的"福特"T形车。"福特"T形车是按照"泰勒制"建立起来的世界上第一条装配流水线的产物,它用标准零件成批、快速装配而成,至此手工制造汽车的时代宣告结束。"福特"T形车物美价廉,"舒服得像坐在家里,好用得像一双鞋子",成本比之前手工制作的汽车大幅下降,成为很长时期内的大众汽车。中国科技馆收藏展示了"福特"T形车。

中国科技馆展出的"福特"T形车

考考你

题目1:

2006年,第十六届全国初中应用物理知识竞赛初赛试题涉及了记里鼓车的原理。阅读过上边文章的读者朋友,是否感觉就是送分题呀!

汽车上的机械式里程表是用安装在轮上的一组计数齿轮来实现计数的,而这些计数齿轮又通过特定的传动装置被车轮的转动所驱动。同时车轮的转动还通过特定的传动装置传递给由电磁感应原理制成的传感器,传感器再将反映车轮转动情况的电信号显示在速度表上,从而指示此时的车速。

当轮胎用久了有明显的磨损后，就会使所计里程和指示的时速产生误差。若里程表记录里程为12000km，则汽车实际行驶的里程将_____（填"大于""小于"或"等于"）示数；若此车从北京驶往上海，以速度表上指示的时速为依据，对整个行程所估算的行驶时间将_____（选填"大于""小于"或"等于"）实际行驶时间。

题目2：
2015年某地公务员考试试题
下列情形中，一定不会发生的是（　　）。
A. 东汉时张衡利用自制地动仪测定地震方位
B. 隋炀帝时期一些读书人开始参加科举考试
C. 两晋时人们用"记里鼓车"计算道路里程
D. 司马迁晚年将汉昭帝主要事迹写进《史记》

人马轮流转
灯熄马停步

——走马灯

让科技文物活起来

走马灯的故乡在中国，中国人最早发明了走马灯。走马灯是灯笼的一种，又叫蟠螭（chī）灯、仙音烛、转鹭灯、马骑灯、赛马灯。走马灯常见于元宵节、中秋节等中国传统节日。走马灯还被赋予"时来运转""马到成功""走马上任"等吉祥寓意。

在走马灯的灯罩内点上蜡烛，蜡烛燃烧产生的热量使空气形成向上的热气流，热气流会使轮轴转动。轮轴上有剪纸，烛光把剪纸影子投射在屏上，图画就可以不断转动。因为以前走马灯上大多绘制武将骑马的图画（也有其他图画），所以走马灯转动的时候，就好像几个骑马的武将你追我赶一样，因此取名走马灯。

走马灯为什么能转动

我国古代的灯笼，一般使用蜡烛照明。点燃蜡烛以后，蜡烛燃烧发出光和热，化学能转化为热能和光能。和普通灯笼一样，走马灯也可以用来照明。但是，普通灯笼中的热能白白流失了，而走马灯却有效利用了这部分热能。这部分热能对走马灯内的空气加热，空气获得热能后，温度升高、体积增大、密度减小，故而上升，一部分转化为机械能，上升的热空气流过叶轮时，把一部分机械能转移给叶轮，使叶轮转动，从而带动人和马转动。可见，蜡烛燃烧为走马灯提供了能量。当然，只有蜡烛燃烧，人马才能走，一旦蜡烛熄灭，就没有了能量来源，人马就止步了。

中国科技馆华夏之光展厅有一件走马灯的仿真模型。展品的四周是玻璃的，一面是透明玻璃，另外三面是毛玻璃。走马灯中插有一根铁丝作为竖轴，轴上端安放水平叶轮，轮下悬挂用纸刻成的人物皮影。走马灯通电加热后，因为空气被加热，产生的热气上升，形成热气流，推动叶轮和人物同步转动，它们的影子便投射到玻璃上。从外面看，便呈现人马追逐、物换景移的景象。

走马灯

走马灯示意图

中国历史文献中的走马灯

走马灯具体的发明时间和发明人，现在还不清楚。但是，在两千多年前的秦朝，走马灯的制作已经很精良了。《西京杂记》中记载："高祖初入咸阳宫，周行库府，金玉珍宝，不可称言。其尤惊异者，有青玉五枝灯，高七尺五寸。作蟠螭，以口衔灯。灯燃，鳞甲皆动，焕炳若列星而盈室焉。"这反映了当时用青铜制作的走马灯工艺之巧。

南宋文人的诗词中多次提到走马灯。如南宋吴自牧在《梦粱录》中描述临安夜市中走马灯的买卖；南宋范成大《上元纪吴中节物俳谐体三十二韵》中有"映光鱼隐现，转影骑纵横"；南宋文学家、音乐家姜夔（kuí）在《感赋诗》写有"纷纷铁马小回旋，幻出曹公大战年"；南宋词人、文学家周密在《武林旧事》也记叙了走马灯："若沙戏影灯，马骑人物，旋转如飞"；晚清文人富察敦崇著有《燕京岁时记》，记录了北京民俗风物，生动描述了走马灯的状况："走马灯者，剪纸为轮，以烛嘘（xū）之，则车驰马骤，团团不休，烛灭则顿止矣"。

走马灯的外传及其原理的应用

1634年，英国的约翰·巴特在《自然和艺术的奥秘》一书中对中国的走马灯做过描述。英国皇家学会副会长卡彭特认为，1836年法拉第发明走马灯，其实应该是成功仿制走马灯。走马灯虽然只是一种玩具，但其利用热气流产生机械运动，已具备了现代热机（涡轮机）的雏形。工业革命以后，燃气轮机及衍生而出的涡轮喷气式发动机，大量用于工业生产，对人类社会做出了巨大贡献。

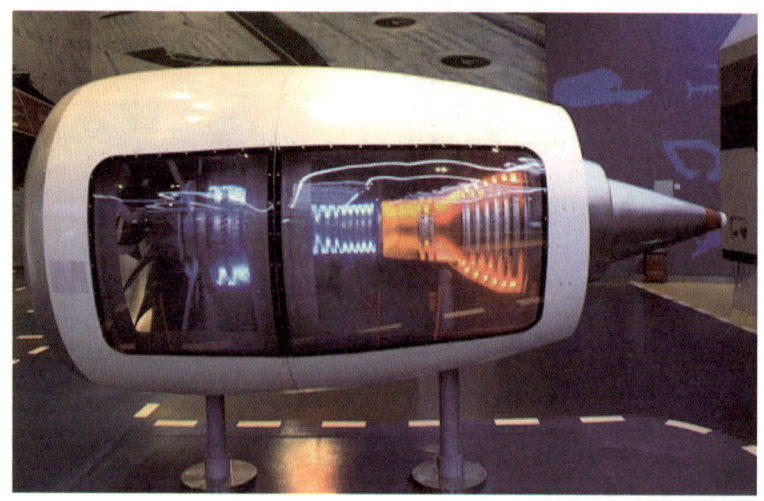

涡轮发动机

● 知识拓展

　　传说，北宋政治家、文学家、唐宋八大家之一的王安石曾经无意之中得到一副对联，上联是："走马灯，灯走马，灯熄马停步。"下联是："飞虎旗，旗飞虎，旗卷虎藏身。"王安石用上联应对主考官，在科举考试中金榜题名；用下联来应对马家小姐择婿而出的对联，从而喜结良缘。

　　王安石去京城赶考的路上，见马员外门口的走马灯上有一联，语曰："走马灯，灯走马，灯熄马停步。"王安石认为此联很妙，拍手称"好对！"站在门口的马家佣人误以为王安石的意思是容易对，马上告诉员外。择婿心切的马员外，急忙出来，却因王安石夸了一句就走了，双方没有见面。

　　王安石在科举考试中提前交卷，主考官想考一考王安石的才华，就指着飞虎旗说:"飞虎旗,旗飞虎,旗卷虎藏身。"王安石马上用"走马灯,灯走马,灯熄马停步"来对答,令主考官惊奇不已。

  王安石想起走马灯给他的机缘,再次来到马家门前,用主考官的飞虎旗来对答。马家就将女儿许配给他并择吉成婚。婚礼正在进行的时候,王安石科举考试的喜讯也传来,明日要赴琼林宴。这真是"洞房花烛夜,金榜题名时。"于是,王安石大笔一挥,并排写出两个"喜"字,从此,我们每逢新婚大喜之日,都张贴"囍"字。

常见的剪纸"囍"

● **考考你**

  我们的眼睛在观察景物的时候,光信号传入大脑神经,需经过一段短暂的时间,光的作用结束以后,视觉形象并没有马上消失,这一现象称为_____。这种现象的具体应用是电影的拍摄和放映,走马灯也是这种现象的运用。

  老舍先生在《四世同堂》中也提到了走马灯:"这时候,瑞全在屋里兴奋得不住地打唱,仿佛被食物噎住了似的。想想这个,想想那个,他的思想像走马灯似的,随来随去,没法集中。"现在,我们常用走马灯来比喻_____。

翁乎勤簸扬
可使糠秕尽

——风扇车

我国是四大文明古国之一，以农立国，拥有悠久的农耕文明。在生产劳作过程中，中国古人不断地创造新农具，推动了生产力和社会经济的发展。在没有现代化农用机械的时期，我国古代劳动人民发明了风扇车，用来扬除糠秕（kāng bǐ）。无论是出土的实物模型还是历史记载都表明，在公元前1世纪的西汉时代，我国古人已经知道风扇车的原理并广泛使用了。

河南省济源县泗涧沟西汉墓中出土的陶风扇车

风扇车有一个不断改进和完善的过程。早期风扇车的风轮箱体为长方形，摇动风扇轮比较费力。明代《顾氏画谱》收录有杜堇（jǐn）的一幅带有圆筒状风箱的风扇车的画稿。他的这幅画，不仅清楚地显示了圆筒状鼓风结构，而且在风扇车的下方放置有一前一后两个簸箩，正好对应风扇车底部前后两个出粮口。这说明15世纪下半叶的风扇车已经实现了三级清选，即沉实的籽粒、较好的籽粒与糠秕的分离。

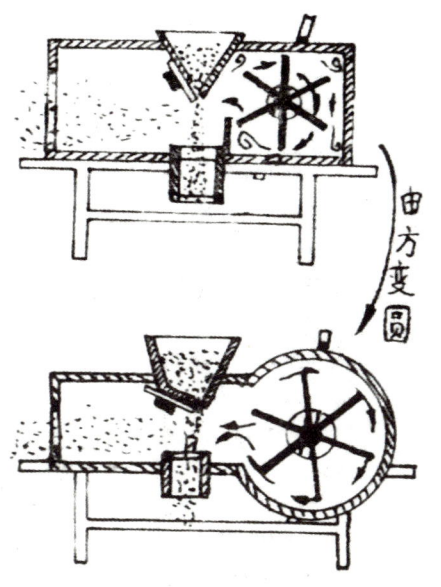

方形和圆筒状风箱的风扇车

《顾氏画谱》中的风扇车

风扇车的原理及意义

风扇车，顾名思义就是能像扇子一样扇风的机械，又叫"扬扇""扬谷器""扬车""扇车"。风扇车由人力驱动，是一种能产生风的机械，用于清除谷物中的谷壳、糠秕和杂物。风扇车一般由车架、外壳、风扇、曲柄摇手、喂料斗及调节门等构成。风扇车实质上是一架手动鼓风机，综合利用流体力学、惯性、杠杆等原理，人为使空气流动。

风扇车工作时，将粮食放进上边的喂料斗，手摇风扇，喂料斗下边就有风吹过，开启调节门，谷物在重力作用下缓缓落下，密度小的谷壳及轻杂物被风吹出机外，密度大而饱满的籽粒直接从下边出料口流出。乾隆年间颁行的《授时通考》对此进行了描述："谷实重者，从正面木斗直下；秕（xī）稍轻，从旁列木斗出；糠灰最轻，即从尾穴随扇飞出。农家攻治米谷，最为便利。"

风扇车还可以初步起到选择优良种子的作用。这是因为，如果不考虑空气阻力，谷种和瘪谷飞出洞口后水平方向都做匀速直线运动，谷种飞出洞口时的速度比瘪谷飞出洞口时的速度小些，落点会更近一些。

在现代意义上的农业机械普及之前，风扇车可以说是"机械化"程度很高的农具了。当然，要让风扇车不断产生强劲的风，就必须不断地摇动曲柄摇手，重复这种枯燥无味的机械动作，劳动强度还是不小的。

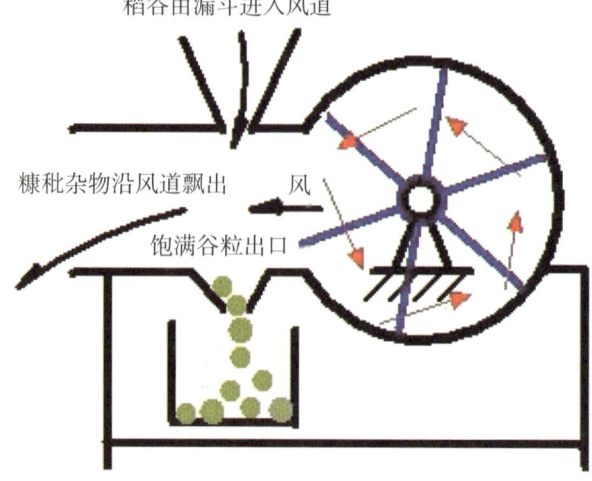

风扇车的工作原理

随着社会的进一步发展、农业机械化的普及，风扇车逐步退出了生产领域。曾经和人们息息相关的风扇车成了博物馆或者农家院的"古董"或者展品，供游人欣赏。

中国科技馆中的风扇车

"四条腿脚四张嘴，粮食进去几路走。一口两口吃下肚，三口吐壳满天飞。"这首童谣描述的打麦场上那热火朝天的场面，除了艰辛和汗水、繁忙和紧张，还留下了父辈们的快乐与希望。瑞金沙洲坝的毛主席故居和中央革命根据地历史博物馆都陈列着红军曾经使用的风扇车，仿佛让我们看到了中央苏区军民共同劳动的场景。

瑞金沙洲坝毛主席故居

西方早期对风扇车的研究

风扇车的发明，对谷物的清选向机械化发展具有重要意义，标志着人们在谷物清选活动中摆脱了对自然风的依赖。采用连续的人造风，根据需要随时对加工后的谷物进行清选，拓展了谷物清选加工的方式，提高了劳动生产率，促进了我国农业的发展。英国科学技术史专家李约瑟认为，风扇车是中国传向西方的重要机械和技术发明之一。1700—1720年，由荷兰船员将旋转式扬谷风扇车带到欧洲。大约在1720年，在中国的法国传教士也把几台风扇车带到了法国。此外，中国的风扇车是离心式压缩机的祖先，对西方近现代鼓风机械的发明产生了一定影响。

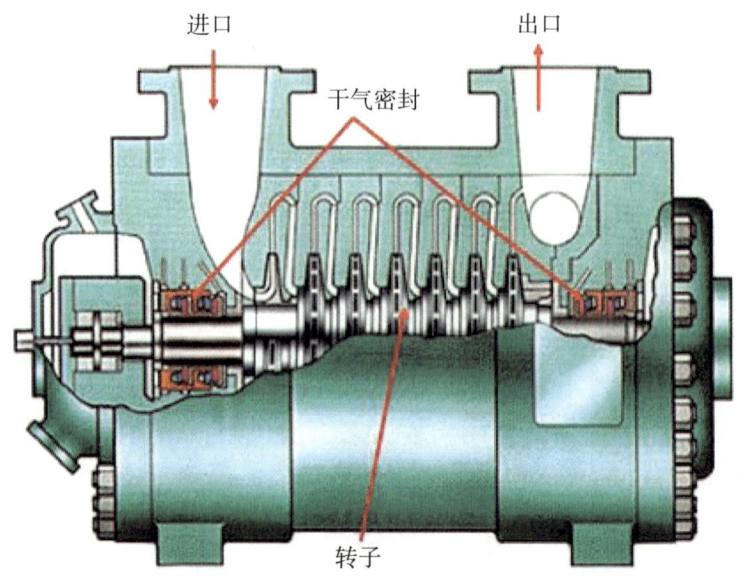

离心式压缩机

知识拓展

"簸之扬之,糠秕在前。"这本是调侃之词,是指位卑无才而居前列。这句话来源于一个故事。东晋时期,司马昱邀请王坦之和范启去商量事情。王坦之年龄小而官位大,范启年龄大而官位小。他们两个人互相谦让,让对方走前头。王坦之走在范启前,他开玩笑说"簸之扬之,糠秕在前"。范启则谦逊地回答说:"洮(táo)之汰之,沙砾在后。"糠秕是指谷皮和瘪谷,比喻没有价值的东西。

中国历史文献中的风扇车

风扇车作为一种重要的农具,被很多文人墨客通过诗文记录下来。北宋时期,风扇车在诸多励精图治的政治家和文学家的诗歌中可见到记载,多为他们重视和赞扬。如北宋著名现实主义诗人梅尧臣(1002—1060年)有一首歌颂风扇车的诗:"田扇非团扇,每来场圃见。因风吹糠秕,编竹破筠(yún)箭。任从高下手,不为暄寒变。去粗而得精,持之莫肯倦。"该诗名为《和孙端叟寺丞〈农具·扬扇〉》。梅尧臣在热情讴歌风扇车效用的同时,还告诉我们做事情要持之以恒,才能达到"去粗而得精"的效果。我们一边吟诵着这首诗,耳边仿佛响起风扇车的呼呼声,眼前浮现出随漏斗倾泻而下的黄灿灿的、饱满的谷粒,轻浮的糠秕随风脱逃而去。

北宋政治家、文学家、思想家、改革家王安石还通过对风扇车功用的赞扬，以物喻人，抒发了自己力主变法的志向。他的《和圣俞农具诗十五首其六扬扇》写道："精良止如留，疏恶去如摈。如摈非尔憎，如留岂吾吝。无心以择物，谁喜亦谁愠。翁乎勤簸扬，可使糠秕尽。"王安石认为应当保留住精华的东西，努力摈弃糟粕的东西，抒发了自己力主变法革新的志向。

生活在清朝乾隆年间的马益中秀才后屡试不第，于是他致力编写通俗读物《庄户杂字》。该书清末以来传至大江南北，家传户诵，其中就有对风扇车的描写，再现了古代打麦场的忙碌："人生天地间，庄农最为先。……迎风摔簸箕，扬的蛾眉弯。若遇风不顺，再加扇车扇。"该书将教育与生产劳动相结合，对学生识字、学以致用、联系农时有很大帮助。

● 考考你

科学就在我们身边。读者朋友们要学会处处留心，举一反三。学习了风扇车的知识以后，您可以试着回答下面的问题。

下图为农用扬场机的示意图。

谷物脱粒后，谷粒、糠皮及少量小碎石的混合物在快速转动的轮 W 和皮带 B 的带动下被快速抛出。谷粒、糠皮、小碎石落地的远近不同，从而形成1、2、3三堆，以达到分离谷物和杂质的目的。这是因为质量是惯性大小唯一的量度。

谷粒和壳屑被扬向空中的时候，它们的速度相同，由于密度不同造成质量不同，所以动能不同，动能大的可以克服阻力、运动得远，从而把它们分开。

所以1是＿＿＿，2是＿＿＿，3是＿＿＿。从能量的角度看，它们在运动过程中能够分离，是因为＿＿。

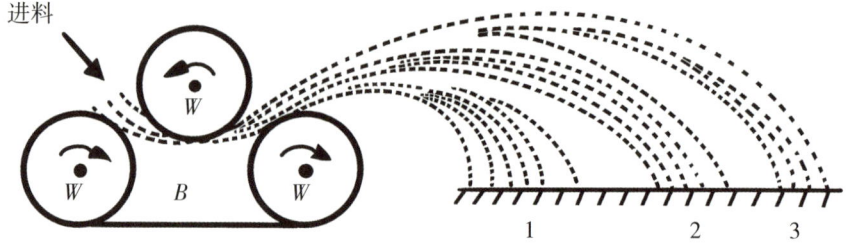

扬场机示意图

下者之人也高
高者之人也下

——墨子与小孔成像

先讲一个小故事。一位偏远山区的老人不舒服，卧床休息。一天，他突然发现蚊帐上有几个人影在晃动，而且是倒着头的，于是越看越觉得害怕。后来邻居看了，添油加醋地说这是"过阴兵"，是来讨债的。只有十八层地狱的鬼魂才是倒着头走的，所以这肯定是大凶之兆。因此，在恐惧心理的作用下，病人的病越来越重。后来，此事一传十，十传百，甚至县科协主席也知道了。于是他就去老人家里看了个究竟。县科协主席发现，这其实是小孔成像，而县里正在巡展的展品里就有"小孔成像"这件展品。小孔成像是什么原理？这要先从墨子和小孔成像说起。

墨子像

科圣墨子

墨子是中国古代伟大的思想家、教育家、科学家、军事家和社会活动家。墨子还是先秦诸子中唯一的自然科学家,在力学、数学、几何学、光学、声学等领域都有辉煌的成就。

2016年8月16日1时40分,世界首颗量子科学实验卫星"墨子号"在酒泉卫星发射中心成功发射。这颗科学实验卫星被命名为"墨子号",既是为了向我国自然科学先驱墨子致敬,也表明了科学家们对这颗量子科学卫星的期望。

小孔成像

中国古代科学家对小孔成像现象进行过比较深入的研究。早在战国时代,墨子进行了世界上最早的小孔成像的实验,提出了小孔成像的光学原理,并给予了准确的解释。《墨经》中这样记录了小孔成像:

"景到,在午有端,与景长。说在端。"

"景。光之人,煦(xù)若射,下者之人也高;高者之人也下。足蔽下光,故成景于上;首蔽上光,故成景于下。在远近有端,与于光,故景库内也。"

这里的"景"是指影像,"到"是倒立的意思,"午"是两束光线正中交叉的意思,"端"在古汉语中有"终极""微点"的意思。"在午有端"指光线的交叉点,即针孔。物体的投影之所以会出现倒像,是因为光线为直线传播,在针孔的地方,不同方向射来的光束互相交叉而形成倒影。"与"指针孔的位置与投影大小的关系。"光之人,煦若射"是一句很形象的比喻。"煦"即照射,照射在人身上的光线,就像射箭一样。"下者之人也高;高者之人也下"是说照射在人上部的光线,则成像于下部;而照射在人下部的光线,则成像于上部。于是,直立的人通过针孔成像,投影便成为倒立的。"库"指暗盒内部而言。"远近有端,与于光"指出物体反射的光与影像的大小同针孔距离的关系:物距越远,像越小;物距越近,像越大。

中国科技馆华夏之光展厅有一件展品就叫"小孔成像",说明牌上对"小孔成像"这样介绍:"《墨经》最早记述了小孔成像实验。本展品是根据《墨经》的记述复原的小孔成像实验场景。"

中国科技馆小孔成像展品

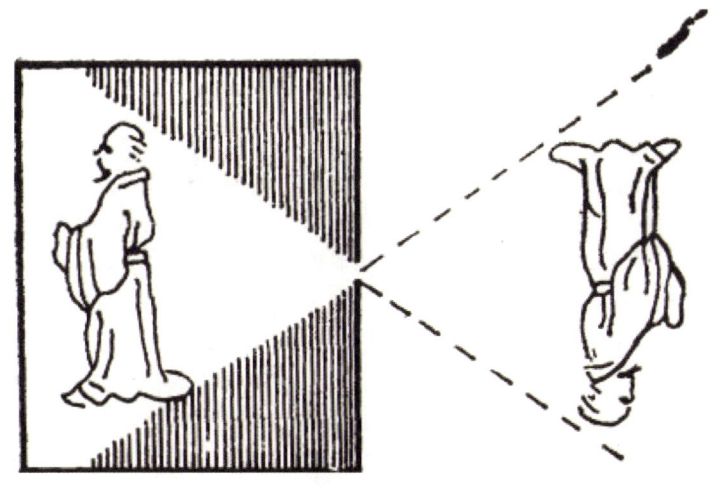

小孔成像示意图

正确理解生活中的小孔成像现象

我们再回到文章开始提到的老人的怪病。其实，出现倒着头的人影，这种现象并不神秘。学过初中物理学的人都知道的，这就是常见的小孔成像现象。只要把墙上那个小孔给堵上，倒着走的人影子就没了。迷团解开了，病人的病，没有用药就好了。我们经常在树荫下看到一个个小光斑，当日偏食出现的时候，圆形的光斑就变成了一个个小月牙。这些光斑的形状并不是树叶间缝隙的形状，而都是太阳的像。

小孔成像实验，我们在家里就可以做，所需材料也非常简单。剪去易拉罐的上部，蒙上一块塑料膜，在易拉罐的罐底钻一个小洞。将小洞向外对着发光物体，就可在塑料膜上得到倒立的像。

西方早期对小孔成像现象的研究

西方关于小孔成像的记载，最早见于古希腊亚里士多德的著作中，达·芬奇也曾用小孔成像描绘景物。在16世纪文艺复兴时期，欧洲出现了供绘画用的"成像暗箱"。小孔暗箱虽然能成像并得到应用，但是影像亮度和清晰度不够高，于是出现了有透镜的暗箱，这就形成了照相机的雏形。带透镜的暗箱虽然能观察景物，却不能把看到的景物永久保存，后来人们开始对影像如何复制的问题进行思考。1837年5月，法国美术家和化学家达盖尔使摄影成为现实，并命名为"达盖尔摄影法"。

● **知识拓展**

中央电视台《走近科学》栏目曾经播出了一期节目叫《老屋怪影之谜》。节目说的是某位村民家有一种非常诡异的现象，他家的墙壁上总是会出现一些奇怪的影子，并且持续了半个多世纪。很多村民认为有神鬼在作怪，于是神秘的气息笼罩着这个小村子，村民除了感到稀奇好玩，更多的还是敬畏惶恐。

通过对小孔成像的学习，读者朋友了解了我国古代对小孔成像研究所取得的成就，并且感受到了科学就在我们身边，受到了反对迷信、崇尚科学的思想教育。你可以用小孔成像的知识，解释身边遇到的奇怪现象吗？

你可以看看这期节目，和电视台的专家比一比，看谁解释的好。

● **考考你**

李白在《月下独酌（zhuó）》中有一句名句："花间一壶酒，独酌无相亲。举杯邀明月，对影成三人。"描写了李白在月夜与"我外之我"的影子及月亮一同畅饮的情景，表现出诗人的独斟独酌、举目无知音的孤独之情。"举杯邀明月，对影成三人"提到的杯中的"人"是由于光的反射形成的虚像，地上的"人"是＿＿＿＿＿现象形成的。

李白《月下独酌》

世界上最早的游标量具

——新莽铜卡尺

引言

王莽

西汉末年，统治阶级内部分崩离析。公元9年，王莽篡夺了汉室政权，改国号为"新"。王莽立意改革，虽然多项政治改革都以失败告终，但是他在度量衡方面的改革却影响深远，在我国的度量衡史上产生了深远影响。

读者朋友知道影响我国古代两千余年的"分、寸、尺、丈、引"五度制是什么时间正式形成的吗？知道卡尺的发祥地是哪个国家吗？下面这篇文章带你一探究竟。

游标卡尺

古代早期测量长度用木杆或绳子。后来，我们的祖先借用自己的身体来测量长度。《孔子家语》记："布指知寸，布手知尺"，即拇指端和食指指端之间的距离为 16 厘米 ~17 厘米。

用自己的身体测量长度

长度的单位制出现以后，就出现了刻线直尺。我国夏商时代就开始使用刻线直尺。当时的刻线直尺还是用象牙或玉石制成的。随着社会的发展，青铜制成的刻线直尺比较多地用于生产和测量中。

东汉禽兽纹铜尺及局部展示（图片来源：长沙市博物馆）

但是，用刻线直尺来测量物件，尤其是用它来测量圆形或轴类的物件既不好用，误差也大。在手工生产中，要提高生产效率，人们就必然要创造更好的量具。在制造浑天仪、地动仪、弩机等仪器设备的需求下，新莽铜卡尺就出现了。

世界上最早的游标量具

王莽铜卡尺（图片来源：北京艺术博物馆）

新莽铜卡尺

西汉末年，刘歆在《三统历谱》中说："度长短者不失毫厘，量多少者不失圭撮（guī cuō），权轻重者不失黍絫（shǔ lěi）。"这是文献中第一次出现"分"以下的长度单位"厘"和"毫"。

新莽铜卡尺的精密度，能够量到"分"以下，可以测出"厘"的数据。由此也可以推定，"分"以下设"厘""毫"始于新莽时期。有关王莽新朝始建国元年铜卡尺的记载，最早见于清朝末年吴大澂（zhēng）（1835—1902年）的《权衡度量实验考》，这是一本以古物考证历代权衡度量制度的图书。

吉林省珲春市防川村的吴大澂塑像

新莽铜卡尺的外形就像钥匙或兵器，由固定尺和活动尺两部分组成。固定尺和活动尺上端都有矩形的量爪，正面有寸格。活动尺的量爪与尺相联处有引环，可牵引活动尺滑动。测量时，牵引引环，将被测物体放在两卡爪间，移动活动尺卡紧物体，以活动卡爪外侧为准线，就可以在固定尺面上得到读数。

新莽·铜卡尺（图片来源：扬州市邗江区文物管理委员会办公室）

目前，新莽时期的铜卡尺一共发现了3件。一件于1992年5月出土于江苏省扬州市邗江区甘泉镇东汉墓葬，现收藏于扬州博物馆，是国家一级文物。该铜卡尺呈现F形，外形很像汉代常见的"矩"，但它又不是矩。当清理掉表面的泥土后，铜卡尺露出了庐山真面目：这是一件由大小两个L形直尺合体的铜制品。其中，大L形直尺为固定尺，小L形直尺为活动尺。由于锈蚀严重，这件铜卡尺的计量刻度和纪年铭文都已经无法辨认了。但是，这件铜卡尺为此类量具在新朝至东汉早期的存在提供了有力证据，也纠正了过去认为游标卡尺是欧美国家首先发明的观念。

另外两件新莽时期的铜卡尺分别藏于中国国家博物馆和北京市艺术博物馆。国家博物馆收藏的新莽铜卡尺一面阴刻有铭文："始建国元年正月癸酉朔日制。"因此，可以判定铜卡尺的铸造时间是新朝王莽始建国元年（公元9年），距今已有2000多年的历史。北京市艺术博物馆收藏的铜卡尺铭文内容与国家博物馆收藏的卡尺相同。根据铭文字体、镂银线纹及每尺的实际量值来看，北京市艺术博物馆收藏的卡尺比国家博物馆收藏的卡尺更为标准。

新莽铜卡尺与国外卡尺的比较

新莽铜卡尺是我国古代一项重要的发明，可以说新莽铜卡尺就是原始的游标卡尺。新莽铜卡尺既可以测量长度，也可以测量直径和深度。但是，新莽铜卡尺只能借助指示线，靠目测估出长度单位"分"以下的数据，不具备现代游标卡尺最重要的差分测微功能。现代游标卡尺的奥妙在于固定尺和游标尺上的刻度不是像铜卡尺那样完全对齐的，而是存在一个微小的差。

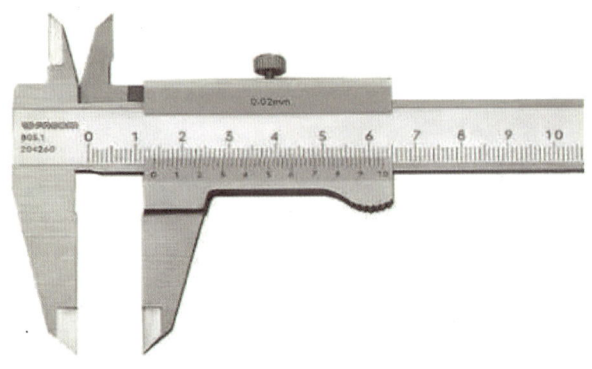

游标卡尺

游标卡尺是工业上常用的测量工具，在现代工业中发挥着重要作用。1973年，英国在出版的《英国百科全书》中记述游标卡尺是维尼尔·皮尔（Pierre Vernier）于1631年发明的。维尼尔·皮尔是法国数学家，他在《新四分圆的结构、利用及特性》中记述了游标卡尺的结构和原理，他的名字Vernier也变成了英文的游标一词，沿用至今。游标卡尺主要由主尺、固定卡爪、游标架、活动卡爪、游标尺、千分螺丝、滑块等部分组成。新莽铜卡尺与游标卡尺非常相似，固定尺、活动尺分别与主尺和游标尺相对应，两类卡尺都有固定和活动卡爪，测量原理也大致相同。1851年，美国工程师借助精密机械制造技术，造出更加实用的现代游标卡尺。

● 考考你

唐朝的白居易有一首诗写道："赠君一法决狐疑，不用钻龟与祝蓍（shī）。试玉要烧三日满，辨材须待七年期。周公恐惧流言日，王莽谦恭未篡时。向使当初身便死，一生真伪复谁知？"这首诗的意思是看人不要看一时，而要看一世。忠臣有被误会和诬陷的时候，乱臣贼子也有蒙蔽人们的时候。下边哪句话，和这首诗的意思类似（　　）。

A. 路遥知马力，日久见人心

B. 其兴也勃焉，其亡也忽焉

C. 但使龙城飞将在，不教胡马度阴山

D. 仰天大笑出门去，我辈岂是蓬蒿（péng hāo）人

周公吐哺图　　　　　　刻有甲骨文的卜骨

引之则俯　舍之则仰

——桔槔

引言

"桔木"是日本古建筑独有的构件，由日本人创造性地用于木结构建筑中。"桔木"可能源自中国农村一种旧式取水设施，已经延续使用了几千年。这种取水设施虽然简单，但可以减轻人的劳动强度。

读者朋友们知道"桔木"可能源自中国的哪种取水设施吗？这种设施利用了什么原理？下面这篇文章将回答这些问题。

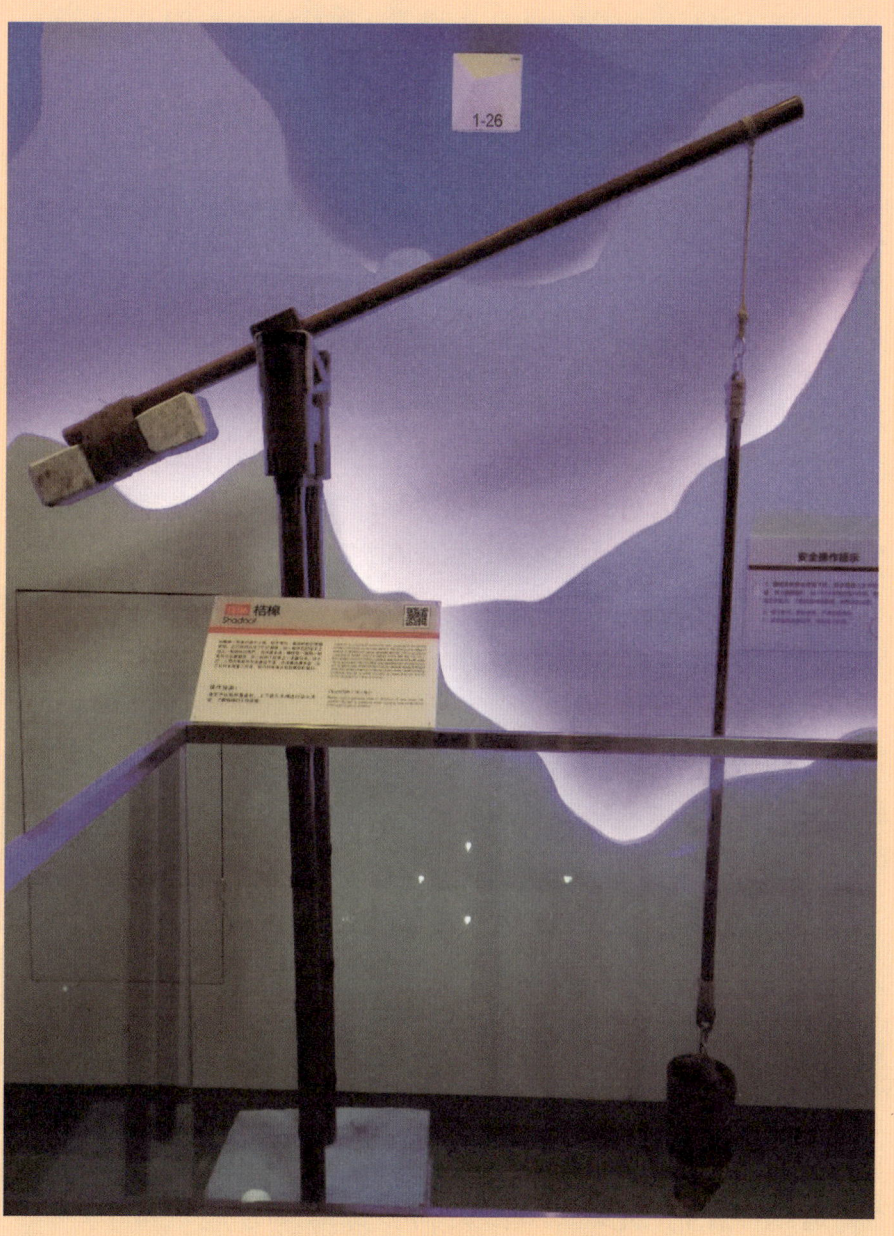

中国科技馆华夏之光展厅中的桔槔

引之则俯　舍之则仰

85

中国自古以农立国,是发展农田灌溉最早的国家之一。"你耕田来我织布,我挑水来你浇园"曾经是中国人理想的小农生活。

我挑水来你浇园

农耕时代之初,中国古人通常使用壶、罐、缸、瓮等简单工具进行小面积灌溉。但随着生产力的发展,这种灌溉方式已经无法满足农业生产所需,于是发明了桔槔(jié gāo)。

桔槔

桔槔最早出现在商代,春秋时期已普遍使用,成为灌溉的主要农具。在井边,在湖、河、塘、溪的边上,都可以用桔槔取水。

我们可以从山东嘉祥县武氏祠画像石中看到古代桔槔的形象,从中可以看出桔槔从发明之日起直到现代,其结构、原理和操作都没有发生原则上的改变。

山东嘉祥县武氏祠画像石中的桔槔

桔槔的用途

桔槔不但可以用来取水，还有很多其他用途。1988年，在江西省瑞昌市铜岭铜矿遗址的选矿场中发现了桔槔，这根桔槔用于提土运矿。

桔槔还可以当作武器，称作"拍杆"，是古代装在战船上的抛石机。古时，在战船上建一个活动架，把巨石系上绳索，套在横杆上，一端挂巨石，另一端人拉绳索保持平衡。当靠近敌船时，将巨石转到敌船上方，然后放开绳索，巨石就会砸向敌船。

战船上的桔槔

桔槔的原理

杠杆的作用很大。桔槔巧妙地运用了杠杆原理。

在竖立的架子上加上一根细长的横杆，中间当作支点，横杆的一端用绳子系住水桶，另一端绑上或挂上一块重物。取水的时候，人借助身体的力量，用力将直杆与水桶往下压，当水桶取满水后，由于杠杆末端重物的作用，就可将装满水的水桶轻松提起。

引之则俯　舍之则仰

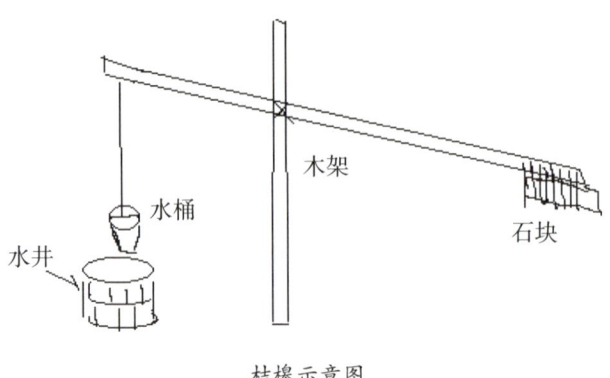

桔槔示意图

桔槔的局限性

首先，桔槔并不能省功。利用桔槔提水，虽然使人们感到轻松，但只是改变了用力方向，所做的总功并没减少。

其次，桔槔的使用归根到底还要借助人力。一起一落，人都要用力，并没有把人们从取水劳动中解放出来。所以，后来发明了翻车和筒车等取水工具。

中国科技馆中的展品：翻车

中国科技馆中的展品：高转筒车

再次，桔槔对水源要求较高，一般只适用于从浅井和水流不急的河道取水。如果桔槔不在田边，在井边或河边还要修建沟渠。水提上来以后，通过这些沟渠才能流入田地。

筒车

- 知识拓展

中国传统文化中的桔槔

《墨子》中记载:"百步一井,井十瓮,以木为系连。"据考证,"系连"就是桔槔。

《墨子》中的"系连"

引之则俯　舍之则仰

《庄子》中记载了一个有关桔槔的故事，说明早在2400多年前，中国人就用桔槔提取井水灌溉农田。故事内容如下：子贡（孔子的弟子，名赐）路过汉阴时，见一老农用水浇菜，"凿隧而入井，抱瓮而出灌"，非常费劲但是收效很小。子贡就建议老农用桔槔取水，这样"一日浸百畦（qí），用力寡而建功多"。老农说："有机械者，必有机事；有机事者，一定有不善的机巧之心。"子贡听后无话可说，感觉很羞愧。王安石读到这段故事后赋诗一首："赐也能言未识真，误将心许汉阴人。桔槔俯仰妨何事？抱瓮区区老此身。"

王安石在诗中说，虽然子贡能言善辩，却辨别不了真假，错误地把好心给了汉阴老农。利用桔槔的一俯一仰来打水浇地，可以大大减轻人的劳动强度，这有什么妨碍呢？而抱瓮老农那样做，只能虚度光阴，抱着陈旧的一套去进棺材。王安石在诗中批判老农"抱瓮汲水"这种因循守旧的做法，借此宣传自己变法革新的思想主张。

抱瓮汲水

桔槔还进入了越剧《九斤姑娘》的唱词中："第九只桶名真难懂，一根尾巴通天空，一根横档在当中，上头一记松，下面扑隆咚，拎拎起来满腾腾……名堂就叫吊水桶。"

● **考考你**

我国春秋时期，已经普遍使用桔槔灌溉农田，直到现代，在我国很多偏远农村仍然可见到桔槔的身影。但是，我们至今还没有发现过春秋战国时代的桔槔实物，主要原因是（　　）。

A. 桔槔为木制，不容易保存

B. 烽火连三月，桔槔都毁于战火

C. 桔槔被其他水利设施取代，没有普及

D. 桔槔的结构、原理和操作不断更新

中国农民银行发行的货币，带有桔槔使用的情景（图片来源：北京古代钱币展览馆）

长风破浪会有时
直挂云帆济沧海

——明代福船

我国是一个海洋大国，拥有渤海、黄海、东海和南海，海岸线长达1.8万多千米，这为我们的祖先进行海上活动提供了先天条件。与浩淼的大海相比，我们是渺小的。汉字的"海"字，由"水""人""母"字组成，这说明水为人之母，海洋孕育了生命，抚育了人类。

羊皮浮筒（图片来源：红军东征纪念馆）

我国古代神话中的精卫填海、八仙过海均表明了我们的祖先为认识海洋、征服海洋所做的努力。要进行海上活动，首先要有船只。早在新石器时代，我们的祖先就开始使用独木舟和筏。从那个时候起，我们征服大海的梦想就始终不曾变。下面，我们就了解一下明代福船。

明代福船

福船与沙船、广船、鸟船并称为中国古代四大名船。福船因在福建沿海建造而得名，是福建、浙江一带沿海尖底海船的通称。明代福船是当时世界上最大最先进的船舶，是中国造船史上的骄傲。福船具有以下特点：一是首部尖，尾部宽，两头上翘，首尾高昂；二是船体高大，吃水多达四米，是深海优良战舰；三是操纵性好，特有的双舵设计，使其可以在海洋上进退自如；四是使用了水密隔仓技术，提高了抗沉性。

中国航海博物馆陈列着一艘明代福船。整艘福船都是木质的，采用榫卯结构拼合，且按照1∶1的比例还原了郑和下西洋的主要船型。中国科技馆华夏之光展厅也有"明代福船构造"的展项，观众可以通过手动操作升帆降帆及尾舵的升降，以感受一下明代福船设计的巧妙之处。

郑和宝船模型
（图片来源：福建省泉州海外交通史博物馆）

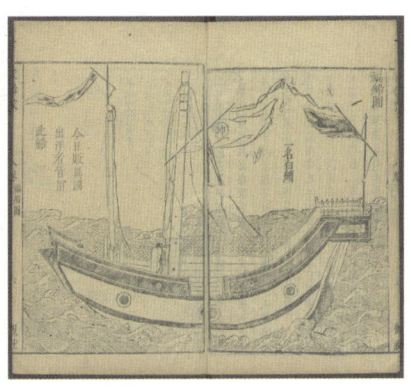

哈佛燕京图书馆藏隆武刻本
《经国雄略》中的明代福船

中国科技馆中的明代福船

明代福船的水密隔舱技术

水密隔舱是现代大型船舶船体结构的主体部分，是保障航行安全的主要措施之一。水密隔舱的技术可以上溯到唐朝，宋朝以后被普遍采用。1960年，江苏出土的一艘唐代木船就利用了水密隔舱建造技术。1992年，王心喜先生在《水密隔舱发明史话》中提出"水密隔舱"这四个字。水密隔舱又称为舱壁、隔堵和隔壁。

福船以木料为主要材料，采用榫接等技艺，使舱与舱之间互相独立，提高了船舶的抗沉性能。用水密隔舱技艺制作的福船，具有四大优点：一是由于船舶已被分隔成若干个舱，因此如有一两个船舱进水，也不至于导致全船进水而沉没；二是即使一个舱漏水，水也不会流进其他舱里，只要对进水的舱进行修复，船只就可以继续航行；三是方便装卸与管理货物，货物可以分舱储放，即使某个舱进水，也可以隔离开干湿货物，减少货物的损失；四是由于船舶被隔板层层隔断，隔舱板实际上起着肋骨的作用，使船体更加坚固。

水密隔舱

2008年6月，活态传承的水密隔舱福船制作技艺被国务院列入第二批国家级非物质文化遗产名录。2010年11月，"中国水密隔舱福船制造技艺"被联合国教科文组织保护非物质文化遗产政府间委员会列入急需保护的非物质文化遗产名录。

● 知识拓展

水密隔舱技术的发明来自中国。唐代的木船制造就已采用水密隔舱技术。我国历史文献中记载的水密隔舱源远流长，考古发掘中水密隔舱海船的遗物不断被发现。明代郑和乘风破浪，七下西洋，他们使用的主要船型就是福船。

我国船舶采用的水密隔舱技术很早就受到国外的赞赏。意大利旅行家马可波罗在其游记中描述了他见到的13世纪中国大船的水密隔舱："若干最大船舶有内舱到十三所，互以厚板隔之，其用在防海险，如船体触礁或触饿鲸而海水渗入之事。其事常见，盖夜行破浪之时，附近之鲸见水起白沫，以为有食可取，奋起触船，常将船身某处破裂也。至是水由破处浸入，流入船舱，水手发现船身破处，立将浸水舱中货物徙于邻舱，盖诸舱之壁嵌隔甚坚，水不能透，然后修理破处，复将徙出货物运回舱中"。

18世纪末，水密隔舱结构开始引起西方的重视。1787年，避雷针的发明者富兰克林指出应该在美国和法国的邮船中采用中国的分舱方法。1795年，英国的本瑟姆将军在改造海军舰船时，提出要引用中国的水密隔舱结构。

● 考考你

题目1：

600多年前，郑和率领一支庞大的舰队，满载着丝绸、瓷器和茶叶，开始了七下西洋的壮举，揭开了"大航海时代"的序幕。有一种说法，郑和之所以七下西洋，是为了寻找建文帝朱允炆。建文帝是明朝开国皇帝明太祖朱元璋的皇太孙。建文帝当上皇帝以后，就下决心削藩。1399年，燕王朱棣借口"清君侧"，发动"靖难之役"，公开反叛建文帝。1402年，朱棣率军打下京城南京。南京陷落时，"宫中起火，帝不知所终"。

上面这段话，出现了明太祖朱元璋、建文帝朱允炆、永乐帝朱棣三个明代的皇帝。《三字经》也有文字描述他们，你可以写出来吗？
_____，十六世，至崇祯。

郑和下西洋600周年纪念邮票

题目2：

英国科学技术史专家罗伯特·坦普尔认为，中国人能够发明水密隔舱，是因为中国人观察了竹子的结构并获得启示。竹杆的隔膜把竹杆分成了好多节竹筒。竹子的这种结构特性，你可以用一句诗描述吗？这句诗表达了竹子积极向上的精神风貌和虚怀豁达、刚正不阿之美德。_____。

知足者酒存
贪心者酒尽

——公道杯

公道杯是我国古代利用虹吸原理制作的一种酒杯,又称"戒盈杯""平心杯"或者"九龙杯"。公道杯的中间一般立着一人形(多为老寿星)或龙形的装饰物,当杯中的酒水超过某一个位置,酒水就会从小暗孔中流出,直到杯中酒水流尽为止。

关于公道杯的创制时间,因为存世史料非常少,学术界还有不同的观点。有专家认为,其最早应起源于战国时期,用青铜制作,用来劝诫大王饮酒适度。有专家认为,唐文宗时期用黄金制成的"神通盏"与公道杯的特点相同,应是公道杯的一种。

经历战火的洗礼,有一些公道杯幸存下来。浙江省临海市博物馆就收藏有宋代末年的公道杯,中间柱状体的外形为寿星。2002年,宜宾县出土了一件写有38字诗文的明代公道杯。诗文的意思是,酒斟满了就会白白漏掉,酒斟半杯才能饮用,才不会漏掉。四川大学博物馆收藏的粉彩平心杯、南京博物院收藏的绿地粉彩荷叶形公道杯均是清代文物。由此可见,最晚在宋代就出现了公道杯。中国科技馆华夏之光展厅就有铜质的公道杯,供观众体验。

宜宾出土的公道杯

元代青釉公道杯

铜制公道杯

清乾隆堆塑人物图青瓷酒令杯
（图片来源：孔子博物馆藏）

知足者酒存　贪心者酒尽

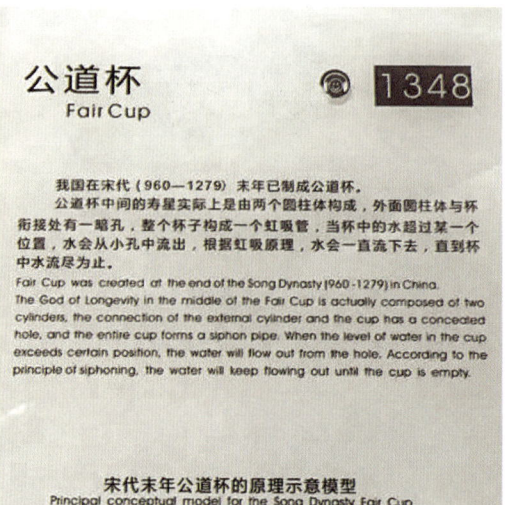

中国科技馆公道杯的说明牌

公道杯的原理及意义

公道杯的玄妙在于杯内的圆柱体。公道杯的中间立着一人或龙形的装饰物，人或龙实际上由两个圆柱体构成，外面圆柱体与杯衔接处有一暗孔，整个杯子构成一个虹吸管，当杯子中的酒超过某一个位置，酒就会从小孔中流出。根据物理学上的虹吸原理，酒会一直流下去，直到杯中酒流尽为止。由此可见，用公道杯盛酒的极限高度不能超过杯中虹吸管的管顶。如果在公道杯即将开始漏酒时立即停止倒酒，那么每次的装酒量都将是一样多的，所以很是公道。

公道杯结构

虹吸原理其实就是大气压和连通器原理的特殊应用,是指加在密闭容器里液体上的压强,处处都相等。虹吸管里灌满水,没有空气,来水端水位高,出水口封闭住。这个时候管内压强处处相等。虽然两边的大气压相等,但如果此时打开出水口,由于来水端的水位高,压强大,水就可以不断流出出水口。

虹吸现象在生产和生活中有许多巧妙的应用,比如从油箱里吸汽油、输液时打点滴、抽水马桶排出便池内的污物等。随着科学技术的发展,虹吸原理发挥着越来越多的作用,许多水利建设者运用虹吸原理将河、湖等内的水排出,节约了机械设备的使用量与电能的消耗,有效地解决了很多问题。现在的许多建筑物采用了压力流排水系统,这种排水系统可以装置在建筑物的任何位置,起到及时迅速的排水效果,它的基础原理就是虹吸原理。

● 知识拓展

相传,唐朝时,寿王李瑁与杨玉环结婚之日,唐明皇李隆基赠送公道杯并问杨玉环可知圣意。杨玉环说:"父皇赏赐公道杯,教导我们凡事要适度,不可过贪,否则将一无所得。"

公道杯不但对贪杯者是个警策,对斟酒者公道与否也是个检验。相传,朱元璋建立明朝后,用公道杯盛酒宴请文武百官。朱元璋打算根据对大臣的喜欢程度,让宫女对百官赏赐不同的酒量。结果由于使用了公道杯,自己喜欢的大臣由于倒酒太满,反而没有喝到酒。

中国历史文献中的公道杯

北宋陶毂(gǔ)在《清异录》记载了唐文宗(809—840年)时的"神通盏",其应该就是公道杯的一种。"文宗属宦竖专横,动即制肘,颇以酣饮为娱,嫔御之小户者厌恚之,争赂内执事,则造黄金盏,以金莲荷菱芰为朵束盘,其实中空,盏满则可潜引入盘中,人初不知也,遂有神通盏、了事盘之号。""其实中空",即中间有暗管。"盏满则可潜引入盘中",即斟满酒时酒会悄悄流入盘中。这和公道杯的特点是相同的,应该是公道杯的一种。根据此文献,唐代中期就应该出现了公道杯。

中国古代对虹吸原理的认识

中国人很早就懂得应用虹吸原理。中国古代应用虹吸原理制造的虹吸管,称为"注子""偏提""渴乌"或"过山龙"。东汉末年,出现了灌溉用的渴乌。中国古代还

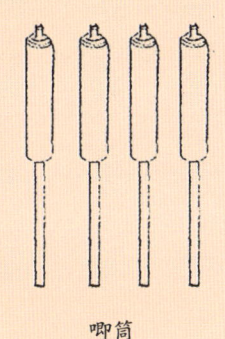

唧筒

知足者酒存　贪心者酒尽

应用虹吸原理制作了唧筒。唧筒是我国最早出现的消防泵浦，类似于现在戏水时用的水枪，其利用活塞原理来远距离灭火。

杯中诠释公道，酒里彰显中庸。一个小小的杯子，不仅为我们展示了虹吸原理，也提醒我们做事要讲求公道，为人不可贪得无厌。正所谓："知足者酒存，贪心者酒尽"，唯有如此，才能开创美好的未来。

● 考考你

题目1：

由于泥沙长期沉积，黄河下游的河床已被抬高。黄河沿岸的农民，以前经常采用下图所示的方式，利用黄河水来灌溉两岸的农田。关于这种传统的灌溉方式，下面说法中不正确的是（　　）。

A. 这种灌溉方式是利用了大气压把水压入管内流向 B 处的

B. 使用时于 A 处水面必须高于 B 端管口

C. 使用时必须将管道中灌满水

D. 管道中的水流得快慢和高度差 H 有关

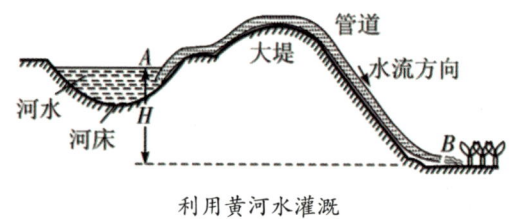

利用黄河水灌溉

题目2：

如果只给你一根塑料管，让你给鱼缸换水，学习了公道杯的知识之后，你应该知道如何做了吗？

最古老的计算机

——算 盘

● 引言

　　身着长袍，戴着老花镜，噼里啪啦不停地拨弄着算盘——这是影视剧中账房先生的经典形象。你知道算盘的历史吗？算盘在中国文化中有什么寓意？算盘在中国革命和建设中发挥了什么作用？这些都可以从下文找到答案。

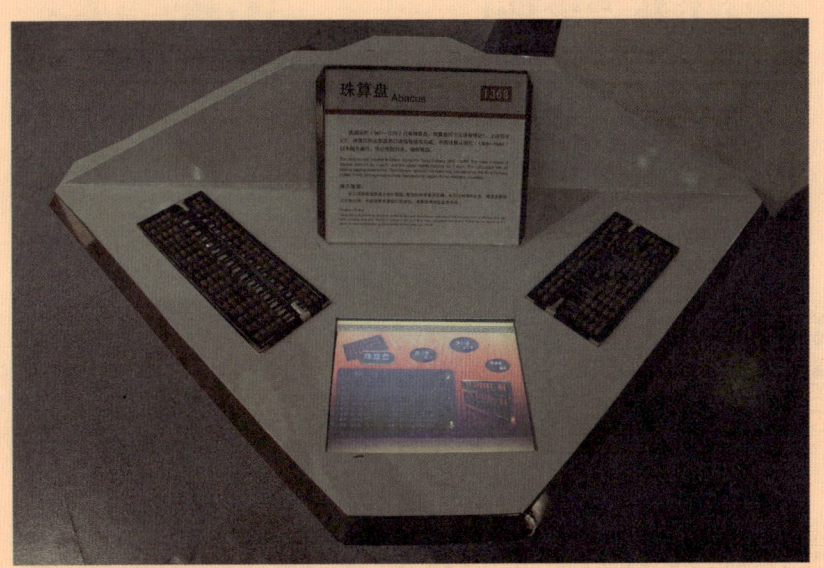

中国科技馆华夏之光展厅中的算盘

算盘与珠算

珠算是一种计算方法，即通过手指拨动算珠进行加、减、乘、除、乘方、开方等运算。算盘则是珠算的工具。算盘是由中国算筹发展而成的，是中国古代的计算工具。李约瑟称"算盘是中国的第五大发明"。

算盘何时创始，何人发明，还没有确证。东汉数学家、天文学家徐岳（？—220年）所著的《数术记遗》中就有"珠算，控带四时，经纬三才也"的记述，这是中国文献中关于"珠算"的最早记载。《数术记遗》还说算盘的最初形态是游珠算板。可以说是我国算盘的雏形，距今大概有1800年的历史。

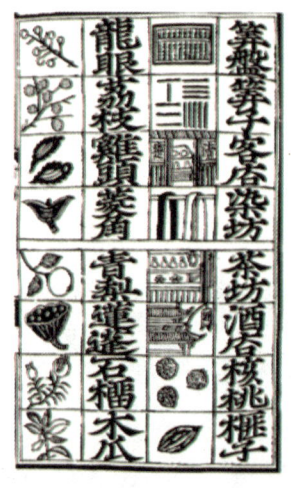

《魁本对相四言杂字》中的算盘图

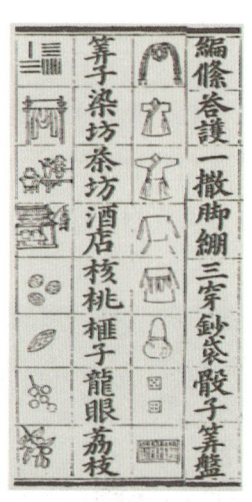

《新编对相四言》中的算盘图

《盘珠算法》中的算盘图

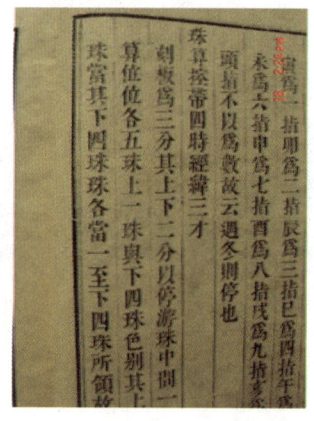

"珠算，控带四时，经纬三才也"的记述

古代的象牙算筹

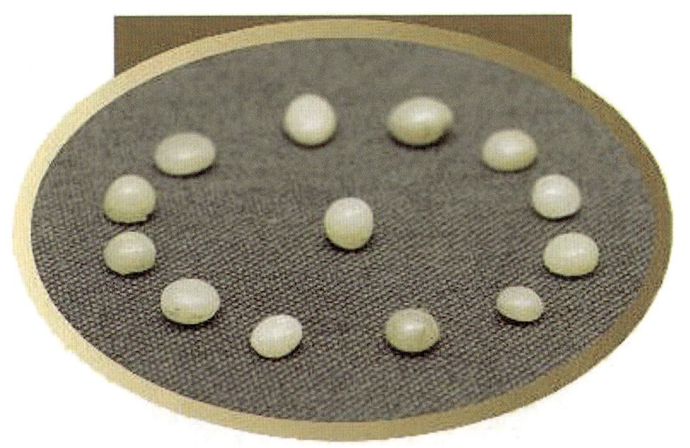

现代算盘的前身——游珠算板

  算盘是由框、梁、档、珠按某种规格和样式组成的中国传统计算工具。算盘一般呈长方形，也有的呈正方形、圆形、柱形等。最大的算盘需要几个人抬着，最小的算盘可以镶嵌在人们的指环上面。算盘四周以木条为框，木框内排列着一串串数目相等的算珠，称之为"档"，通常为9档、11档、15档。用一道横梁将档上的七颗珠子分隔成上下两部分，上端有两颗珠子，每颗珠子代表5，下端有五颗珠子，每颗珠子代表1。通过用手指上下拨动算盘珠来完成算术运算。

最古老的计算机

戒指算盘　　　　　　　　　发卡算盘

随着算盘的使用，中国古人逐渐总结出许多计算口诀，加快了计算的速度。这种用算盘计算的方法，叫作珠算。《算法统宗》是明代数学家程大位（1533—1606年）撰写的以珠算应用为主的算书。全书共17卷、595个应用题，都可以用珠算解决。书中还记载有算盘图式和珠算口诀，并举例说明了如何按口诀在算盘上演算。

《算法统宗》中"师生问难图"

1972年10月14日，周恩来总理接见诺贝尔奖获得者李政道时，李政道介绍了美国使用计算机的情况后说："中国的算盘是最古老的计算机。"这时，周恩来说："要告诉下面，不要把算盘丢掉。"

1976年发行的《牧区小学》邮票：珠算课课堂的景象

1975年发行的《乡村女教师》邮票：给孩子上珠算课

随着电脑的普及，算盘与我们渐行渐远，正在被我们遗忘。可喜的是，2013年12月4日，联合国教科文组织将中国珠算列入人类非物质文化遗产名录，这就意味着算盘不会"一退六二五"，而是将作为一种非物质文化遗产得到保护和传承。

算盘具有丰富的象征意味

自古以来，算盘一直是中国人的主要计算工具之一。现在，算盘还慢慢地演变成了一种算盘文化，被中国人用来寓意招财进宝、富贵吉祥，体现着民族的认同感。算盘文化在中国文化的发展史上描绘出了一幅锦绣祥和的画卷。

北宋画家张择端的《清明上河图》上就绘有算盘。《清明上河图》最末端有一个"赵太丞家"药铺,在其柜台上放着一把五档算盘。这是算盘最早见诸图画。

《清明上河图》中的算盘图

算盘还可用作人物绰号。施耐庵所著的《水浒传》中有神算子蒋敬,负责考算钱粮支出纳入。书中蒋敬手托一把15档、7珠大算盘,说明算盘在宋代已经普及。

神算子蒋敬

算盘还进入了五言诗中。南宋诗人张孝祥著有五言算盘诗:"提封连岭海,风土似江吴。仙去山藏乳,商归计算珠。""商归计算珠"的意思是商人做完生意,回家拨动着算盘珠记账。这是目前发现的我国古代描写珠算的第一首诗。

商人利用算盘算账

算盘还曾作为烟标使用。民国时期,上海金蕾烟草厂出品的一种香烟直接取名算盘牌。烟标上的文字,有中文"算盘牌香烟"字样和英文"The Abacus"(算盘)。

算盘牌香烟的烟标

算盘还象征富贵吉祥。中国古代小孩挂在脖子上驱邪避凶的百眼筛，上面除了有剪刀、发簪（zān）、镜子之外，还有算盘。

百眼筛

算盘是中国革命的功臣

小小的算盘为中国革命也立下了汗马功劳。

万里长征的里程数是用算盘计算出来的。红军二万五千里长征，并不是按照地图的标识来计算红军长征的实际行程的，而是在长征结束后，根据一些红军指战员的日记，用算盘算出长征的路程，于是才有了"红军长征二万五千里"的说法。

● 知识拓展

斤求两口诀

一退六二五	（1÷16=0.0625）
二——一二五	（2÷16=0.125）
三——一八七五	（3÷16=0.1875）
四——二五	（4÷16=0.25）
五——三一二五	（5÷16=0.3125）

六——三七五	（6÷16=0.375）
七——四三七五	（7÷16=0.4375）
八——五	（8÷16=0.5）
九——五六二五	（9÷16=0.5625）
十——六二五	（10÷16=0.625）
十一——六八七五	（11÷16=0.6875）
十二——七五	（12÷16=0.75）
十三——八一二五	（13÷16=0.8125）
十四——八七五	（14÷16=0.875）
十五——九三七五	（15÷16=0.9375）
十六两为一斤	（16÷16=1）

上面这套口诀是珠算斤求两口诀。我国过去用的是十六两一斤的秤，十六两一斤的秤在累计加、减时因为是十六两一斤进位，相比起十两一斤进位的秤来说就复杂一些。比如，一块钱一斤的东西，买一两要多少钱？"一退六二五"，就是该付六分二厘五，也就是六分多钱。买卖东西算斤化两时，用这套口诀比每次都要除以16要方便很多。

考考你

题目1：

我国传统的算盘是上二下五珠，是为适应十六进制而形成的。这样每一档可计算到"15"，"满16"就向前一档进一。算盘上二下五珠的原因之一是我国古代计算重量时采用"16两制"，即1斤等于16两。我国古代有一个成语（　　）与此有关联，比喻彼此一样、水平相等、不相上下。

题目2：

朱载堉（1536—1611年）是明太祖朱元璋九世孙，被尊为"律圣"。朱载堉首创的十二等程律，掀起了世界音乐史上的一次革命。2018年高考数学北京卷的题目（理科第4题、文科第5题）就关注了朱载堉的重要贡献。

让科技文物活起来

朱载堉雕塑

朱载堉琴

学过钢琴的小朋友都知道，钢琴一个八度是七个白键和五个黑键。其实这十二个音就体现了十二等程律，简单说，就是把两个 do 之间平均分了十二份，每份就是一个半音，这些音是真的用算盘计算出来的，每个音的频率为前一个音的（　　）开 12 次方，即 1.059463094359295 倍。

A. 2　　　　　　　B. 3　　　　　　　C. 4　　　　　　　D. 5

朋友，现在您对朱载堉是不是有了更深的了解呢？
同样是明代科学家，朱载堉却远不如徐光启、宋应星等为世人所知，这里面有许多历史的原因。

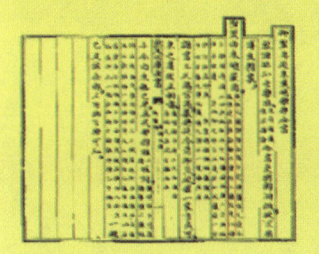
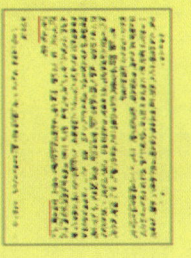

朱载堉

2018年6月，北京市高考数学(理)试卷中，出现了这样一道题：

"十二平均律"是通用的音律体系，明代朱载堉最早用数学方法计算出半音比例，为这个理论的发展做出了重要贡献，十二平均律将一个纯八度音程分成十二份，依次得到十三个单音，从第二个单音起，每一个单音的频率与它前一个单音的频率的比都等于 $\sqrt[12]{2}$，若第一个单音的频率为 f，则第八个单音的频率为

(A) $\sqrt[12]{2}f$　　(B) $\sqrt[12]{2^2}f$　　(C) $\sqrt[12]{2^5}f$　　(D) $\sqrt[12]{2^7}f$

这道题确实有点难度，不仅仅加深了大家对中国古代数学的认识，更让考生感受到数学在其他学科中的应用价值。
古代的科学艺术巨星朱载堉，爱科技的音乐王子，百科全书式的历史人物，看完展览、他给您带来哪些启示呢？

朱载堉入选北京市高考题

朱载堉自制 81 档算盘图

最古老的计算机

参考答案

王侯钟鼎将军剑　皆为矿工大斧开——漫谈铜绿山古铜矿遗址

　　第❽页　D

刀光剑影下的"中国靴子"——马镫

　　第❶⓰页　D

灯焰摇摇苦读夜　纺车嗡嗡十年窗——纺车

　　第㉒页　A

高悬大镜　坐见四邻——潜望镜

　　第㉖页　B

　　此题主要考查平面镜成像的特点和原因。因为物体在潜望镜中呈正立的虚像，像与物体大小相等，左右没有颠倒，所以图中显示的时间就是实际时间，即7：25，故选择B选项。

杯里乾坤大　壶中日月长——倒灌壶

　　第㉚页　问题1：连通器原理　问题2：是平的

黄钟之声绕梁久　鱼跃龙门落玉盘——喷水鱼洗

　　第㉝页　固有振动频率

活塞式机械的鼻祖——风箱

　　第㊴页　A

见日之光　天下大明——透光镜

　　第㊹页　鉴虽小而能全纳人面　沈括

匠心独运　巧夺天工——被中香炉

　　第㊽页　班门弄斧　关公面前耍大刀——自不量力

没有文字的座右铭——欹器

　　第㊵页　D

木人执槌向鼓　行一里打一槌——记里鼓车

  第 60—61 页　题目1：小于　小于　题目2：D

人马轮流转　灯熄马停步——走马灯

  第 65 页　视觉暂留现象　穿梭不停的事物

翁乎勤簸扬　可使糠秕尽——风扇车

  第 71 页　糠皮　谷粒　小碎石　同样大小的谷粒、糠皮、小碎石，虽然飞出时的速度相同，但是由于质量不同，惯性也不同。谷粒质量较小，则先落地，飞行距离短；小石子质量较大，则后落地，飞行距离长

下者之人也高　高者之人也下——墨子与小孔成像

  第 76 页　光的直线传播

世界上最早的游标量具——新莽铜卡尺

  第 82 页　A

引之则俯　舍之则仰——桔槔

  第 91 页　A

长风破浪会有时　直挂云帆济沧海——明代福船

  第 95 页　题目1：太祖兴，国大明。号洪武，都金陵。迨成祖，迁燕京。

  题目2：未出土时便有节，及凌云处尚虚心。

知足者酒存　贪心者酒尽——公道杯

  第 100 页　题目1：A

  题目2：将塑料管中灌满水，将管的一端放入鱼缸的水中，另一端放在鱼缸外并使其低于鱼缸中的水面。这样就可以给鱼缸换水了，简单环保。

最古老的计算机——算盘

  第 109 页　题目1：半斤八两

  题目2：A